# L'ÉPOQUE CONTEMPORAINE

## A LA MÊME LIBRAIRIE



55505. — Imprimerie Lahure, rue de Fleurus, 9, Paris.

COURS COMPLET D'HISTOIRE
A L'USAGE DE L'ENSEIGNEMENT SECONDAIRE

**Albert MALET**
Professeur agrégé d'histoire au Lycée Louis-le-Grand

# L'ÉPOQUE CONTEMPORAINE

Rédigé conformément aux programmes officiels du 31 Mai 1902



*CLASSE DE TROISIÈME A et B*

## 1ère PARTIE



PARIS
LIBRAIRIE HACHETTE ET Cie
79, BOULEVARD SAINT-GERMAIN, 79

1905

# AVERTISSEMENT

Dans ce volume comme dans les précédents, je me suis rigoureusement conformé au programme. Je l'ai suivi point par point, consacrant un chapitre à chacun de ses paragraphes.

Ces chapitres sont d'étendue fort variable parce que les sujets définis aux divers paragraphes du programme sont eux-mêmes d'importance très inégale. Tous sont uniformément précédés d'un résumé aussi bref et précis que possible des questions à étudier, des faits qui les composent, des idées les plus générales qui s'en dégagent. Ce résumé est là pour guider les élèves au milieu des développements ultérieurs, pour leur permettre de se retrouver au milieu de la complexité des faits secondaires dont il n'est pas possible de faire abstraction totale dans une histoire de l'époque contemporaine.

Bien que l'Assemblée Législative ne soit même pas mentionnée dans le programme, il m'a paru indispensable de consacrer un chapitre spécial à son histoire. La chute d'une monarchie par qui la France a été constituée et qui, pendant près de neuf siècles, a fait corps avec la nation, n'est pas un événement qu'il suffise de mentionner ou de raconter en un paragraphe. Si on la traitait d'une manière aussi simple, on risquerait de donner aux élèves cette impression très fausse que les causes générales de la Révolution sont aussi les causes de la chute de la royauté. Il est donc nécessaire de montrer avec quelque détail par suite de quelles circonstances très particulières et accidentelles, par exemple le caractère de Louis XVI, la France « religieusement monarchique » a perdu sa foi et jeté bas la royauté.

J'ai eu, du reste, pour toutes les parties de ce volume, le même souci de montrer, aussi clairement et aussi exactement que possible, les causes des événements. J'ai tenu à faire une histoire explicative, plus encore qu'une histoire narrative : cela pour les raisons pédagogiques exposées déjà en tête des volumes précédents. J'ajouterai celle-ci : les élèves retiennent aisément les récits faits par leurs professeurs, tout ce qui est l'histoire pittoresque et dramatique : le livre par conséquent peut, sans inconvénient, être bref sur ce point. Au contraire les élèves ont quelque mal à se retrouver dans l'exposé, nécessairement un peu abstrait, des causes et des conséquences. Le livre doit être ici l'auxiliaire du cours; il doit remplacer les notes incomplètes prises en classe, donner de nouveau, de façon précise, les explications entendues d'une oreille distraite ou mal comprises.

J'ai été guidé aussi par d'autres raisons. Sachant combien profondes sont les premières impressions que laissent dans l'esprit des enfants les grands événements de la période contemporaine, j'ai tenu à les montrer bien à leur place, c'est-à-dire avec l'ensemble des causes qui les ont amenés et les circonstances qui les ont accompagnés. Beaucoup perdent ainsi du caractère irritant que les polémiques des partis ont aggravé, ou leur ont donné. Essayer de créer chez les enfants, au moyen de l'enseignement historique, l'habitude de ne point juger à la hâte, mais d'attendre pour se prononcer sur une cause, d'en connaître les éléments, au moins les essentiels, est peut-être une ambition bien haute. Cette ambition, inspirée par un amour passionné du pays, je l'ai eue.

L'illustration, très développée, a été établie en songeant surtout aux élèves de province. L'histoire contemporaine, faite nécessairement avec détails, comporte des précisions de lieux qui sont fastidieuses quand le nom propre n'évoque aucune image. On a souvent constaté que les petits Parisiens connaissent en général très mal leur propre ville; à plus forte raison les petits provinciaux ne connaissent-ils pas du tout Paris. J'ai donc cru nécessaire de donner un plan de Versailles et un plan de Paris à la veille de la Révolution, et de multiplier les vues des monuments où l'histoire s'est faite. Quant aux portraits, qui sont en grand nombre, tous ont été choisis et donnés dans un but mnémotechnique. Chacun d'eux se rapporte à l'un des événements essentiels de l'histoire. L'image, je l'espère, aidera à graver le fait dans la mémoire de l'enfant.

Pour la période de la Révolution, j'ai systématiquement relégué dans les parenthèses les dates en style révolutionnaire : elles n'ont pas de sens pour les élèves. J'ai donné partout les dates correspondantes du calendrier Grégorien. Peut-être les élèves remarqueront-ils avec effroi que ces dates sont en très grand nombre. Qu'ils se rassurent. On ne leur demandera point d'apprendre tant de chiffres. La plupart sont là seulement pour leur permettre de suivre l'histoire avec précision. Il ne leur sera indispensable d'apprendre que les dates imprimées en caractères spéciaux, lettres italiques ou petites capitales.

---

# L'ÉPOQUE CONTEMPORAINE

## CHAPITRE I

## L'ANCIEN RÉGIME EN FRANCE

### *LA COUR, LE GOUVERNEMENT*

Pour bien comprendre la Révolution et l'importance de son œuvre, il faut se rappeler exactement ce qu'était la France en 1789, son organisation politique et son état social.

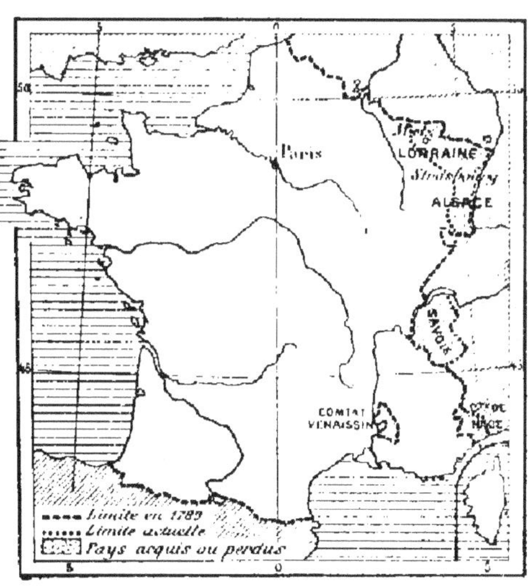


LA FRANCE DE 1789
ET LA FRANCE CONTEMPORAINE.

*Territorialement*, la France était à peu près telle qu'aujourd'hui : elle comprenait en plus l'Alsace, la totalité de la Lorraine, et un certain nombre de places fortes au nord : mais elle était plus petite de la Savoie et du comté de Nice.

*Politiquement*, elle était une monarchie *absolue* et *centralisée*. Tout pouvoir était dans le roi, tout partait du roi, tout aboutissait au roi. L'*organisation administrative* n'en était pas moins *la plus confuse* que l'on pût imaginer, et la France ***n'était pas unifiée.***

La *société* avait pour fondement l'*inégalité* : on distinguait trois classes dans la nation, le Clergé, la Noblesse, le Tiers État. De ces trois classes, les deux premières étaient *privilégiées* ; la troisième, *non privilégiée*, supportait à peu près seule toute la charge de l'État. La France était en somme, en 1789, telle que soixante-quinze ans plus tôt, à la mort de Louis XIV.

**LE ROI SA PUISSANCE**

La France était gouvernée par un *roi*. La couronne était *héréditaire* de mâle en mâle, par ordre de primogéniture. Les femmes depuis le quatorzième siècle et la fin des Capétiens directs, étaient, en vertu d'une coutume improprement appelée la *loi salique*, exclues de la succession au trône[1].

Le roi prétendait ne tenir sa couronne que de Dieu : la monarchie était, disait-on, de *droit divin*. Par suite, l'autorité du roi ne pouvait être ni contrôlée, ni limitée par personne sur la terre. Le roi, selon la déclaration faite par Louis XVI au Parlement de Paris (octobre 1787) « n'était comptable qu'à Dieu de l'exercice du pouvoir suprême ». Aussi, les États Généraux représentants de la nation n'avaient-ils pas été convoqués depuis cent soixante-quinze ans (1614) et l'on n'admettait pas qu'ils pussent être autre chose qu'une assemblée consultative.

La monarchie était donc *absolue* : la volonté du roi, et cette volonté seule, était la loi : comme jadis les empereurs romains, il était la loi vivante. Selon le mot de Louis XIV « tout l'Etat était en lui, la volonté de tout le peuple était renfermée dans la sienne ». Louis XVI, disant au duc d'Orléans : « C'est légal, parce que je le veux »[2] résumait fidèlement la doctrine de la monarchie française. Par suite, le roi dépensait comme il le voulait les revenus de l'État, déclarait la guerre, faisait la paix, contractait des alliances quand et comme il lui plaisait.

Cette monarchie absolue était *arbitraire*. Le roi prétendait commander jusqu'à la pensée de ses sujets ; il pouvait à son gré disposer de leurs biens et de leur liberté. Nul livre, nul journal ne devait paraître sans l'autorisation de la *censure*. Le roi pouvait s'emparer des biens par la *confiscation*. Par un ordre appelé *lettre de cachet*, sans qu'il y ait eu jugement rendu, sans autre motif que son bon plaisir, il pouvait faire emprisonner dans un de ses « châteaux » — à Paris, la Bastille ; à Lyon, Pierre-Ancise ; dans les Alpes, Pignerol — qui bon lui semblait, aussi longtemps qu'il le voulait. Louis XIV avait ainsi tenu un de ses courtisans, le duc de Lauzun, enfermé dans une salle basse du château de

1. Voir *Moyen Age*, page 294.
2. Voir *Temps Modernes*, page 516.

LE ROI.
Photographie du portrait de Louis XVI peint par A.-F. CALLET (1741-1823).
Musée de Versailles.

*Ce costume d'apparat symbolise pour ainsi dire la splendeur et la majesté de la puissance royale. C'est le costume traditionnel des rois de France, le jour de leur sacre à la cathédrale de Reims. Le roi porte une culotte de satin blanc, des souliers à boucles d'or et à talons rouges. Les manches de l'habit sont garnies de dentelles blanches. Il est enveloppé du grand manteau de velours violet à fleurs de lys d'or, à pèlerine et doublure d'hermine. Sur la pèlerine les colliers des ordres de Saint-Louis et du Saint-Esprit. Le roi s'appuie sur le sceptre d'or massif terminé par une fleur de lys. Sur un coussin de velours vert la couronne d'or garnie d'une coiffe de satin cramoisi et la main de justice. Au côté l'épée, à la main gauche le chapeau avec un panache de plumes blanches et une aigrette noire. — Callet fut un peintre d'histoire d'une certaine valeur.*

Pignerol, sans communication aucune avec le dehors, pendant dix ans. L'on ne vit point sous Louis XVI, d'emprisonnement

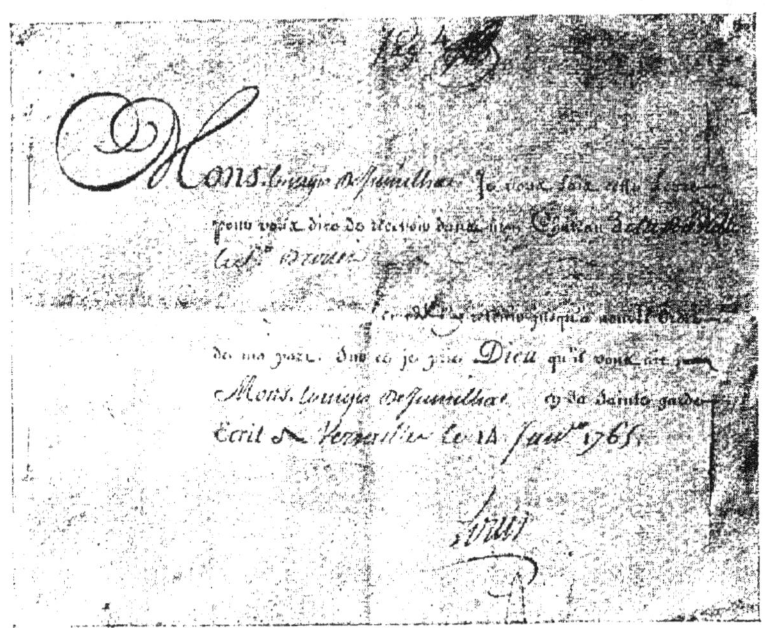

UNE LETTRE DE CACHET.

Photographie d'une Lettre de Cachet conservée au Musée Carnavalet

*Cette lettre est du règne de Louis XV. La formule de la lettre était imprimée; des blancs y étaient ménagés pour inscrire le nom du destinataire, — ici M. de Jumilhac, — le nom du* Château, — *ici la Bastille, — celui du prisonnier — le sieur Drouet — et la date. Il n'était donné aucune indication relative aux causes et à la durée de l'emprisonnement. Le* bon plaisir *royal disposait ainsi, souvent pour de longues années, de la liberté des sujets.*

arbitraire aussi prolongé, mais les lettres de cachet subsistaient, et il n'en fut pas signé moins d'un millier de 1774 à 1788.

**LA COUR**

**Bien** que la capitale du royaume fût Paris, le roi vivait au palais de Versailles. Il y était entouré d'une cour brillante et nombreuse, dix-sept ou dix-huit mille personnes, dont seize mille environ attachées au service personnel du roi ou au service de sa famille, et mille à deux mille courtisans sans fonctions définies, attendant charges ou pensions de la faveur royale.

Le roi avait une *maison militaire* et une *maison civile*. La maison militaire, récemment simplifiée, comptait encore neuf mille hommes : une cavalerie — gardes du corps, gendarmes, chevau-légers, tous nobles; — une infanterie — gardes françaises et gardes suisses.

La maison civile ne comprenait pas moins de quatre mille personnes. La reine, les enfants du roi, ses frères, ses sœurs, ses belles-sœurs, ses tantes, son cousin, avaient chacun leurs maisons particulières, soit trois mille personnes environ, dont cinq cents au service de la reine.

Le luxe de cette cour était désordonné. Les écuries du roi contenaient près de dix neuf cents chevaux avec plus de deux cents voitures, et les dépenses de ce seul service montaient chaque année à sept millions sept cent mille livres, au moins vingt et un millions d'aujourd'hui : c'était plus que ne coûtaient les neuf mille hommes de la maison militaire. Le service de la table royale — la *Bouche du Roi* — après que Louis XVI eut ordonné des « retranchements », c'est-à-dire des économies, coûtait annuellement deux millions neuf cent mille livres, au moins huit millions de francs.

Le gaspillage était formidable et les domestiques volaient effrontément. Les premières femmes de chambre se faisaient chacune annuellement cinquante mille livres de revenu — près de cent cinquante mille francs par an — uniquement en revendant les bouts des bougies allumées dans la journée au palais. On comptait à Marie-Antoinette quatre paires de chaussures par semaine. Grâce à ce désordre, le total des dépenses des maisons civile et militaire atteignait en 1789 trente-trois millions de livres — plus de quatre-vingt-quatorze millions de francs.

Encore n'était-ce pas là tout ce que la cour coûtait réellement au royaume. Il y avait en outre les cadeaux faits par le roi, les pensions accordées aux courtisans, aux amis de la reine, à des familles de proie comme celle des Polignac, dont les membres se partageaient sept cent mille livres, près de deux millions par an et dont les « rapines » révoltaient jusqu'aux ambassadeurs étrangers. Necker calculait que de 1774 à 1780 le roi avait donné à sa famille ou à ses courtisans, deux cent vingt-huit millions, six cent cinquante millions d'aujourd'hui. Sous Louis XVI autant que sous Louis XV, la terrible phrase de d'Argenson restait vraie : « *la Cour était le tombeau de la Nation* ».

**LE GOUVERNEMENT CENTRAL**

L'organisation du gouvernement était la même qu'au temps de Louis XIV [1]. Au centre le roi était assisté de six ministres et de quatre Conseils.

Les ministres étaient : le *chancelier*, chef de la justice et président des divers Conseils, en l'absence du roi ; le *contrôleur général des finances*, et les quatre secrétaires d'État de la *Maison du Roi*, des *Affaires Étrangères*, de la *Guerre* et de la *Marine*. Au temps de Louis XIV les six ministres étaient égaux. La paresse de Louis XV avait rétabli, et la timidité de Louis XVI avait maintenu l'usage du *ministre* dirigeant ou *premier ministre* : l'un des ministres, ayant plus que les autres la confiance du roi, exerçait une sorte de suprématie sur ses collègues et jouait à peu près le rôle du président du conseil des ministres aujourd'hui. Le principal ministre, en 1789, était Necker. Chacun des secrétaires d'État touchait un traitement de 220000 livres — plus de 640000 francs, le traitement de dix ministres aujourd'hui.

Les quatre Conseils étaient : le *Conseil d'État* ou *Conseil d'en haut*, où l'on examinait toutes les grandes affaires, particulièrement les affaires du dehors ; le *Conseil des finances ;* le *Conseil des dépêches* où l'on prenait connaissance des rapports des intendants ; enfin le *Conseil des parties*, à la fois notre Conseil d'État et notre cour de Cassation, c'est-à-dire le tribunal suprême en matière administrative et en matière de justice civile.

Les Ministres et les Conseils formaient le *gouvernement central*. C'était d'eux que tout partait, à eux que tout aboutissait : ils étaient pour ainsi dire le cerveau du royaume.

**LE GOUVERNEMENT PROVINCIAL**

L'organisation provinciale était fort compliquée. Tandis qu'il n'existe aujourd'hui qu'une division administrative, la division en départements, il y avait avant 1789 une double division, d'abord en *gouvernements*, puis en *généralités*, ou *intendances*.

Il y avait *quarante gouvernements*. Trente-deux correspondaient assez exactement aux anciennes provinces, c'est-à-dire aux vieilles divisions féodales et en portaient le nom. Huit étaient à peu près réduits à l'enceinte d'une place forte. Les *gouverneurs*, choisis dans la plus haute noblesse, n'avaient depuis Louis XIV qu'une autorité nominale, un rôle de représentation et de magnificence, et la plupart résidaient à Versailles.

1. Voir *Temps Modernes*, page 233.

On comptait *trente six généralités*, la plupart désignées par le nom de leur chef-lieu. Chacune avait à sa tête un *intendant*. Les

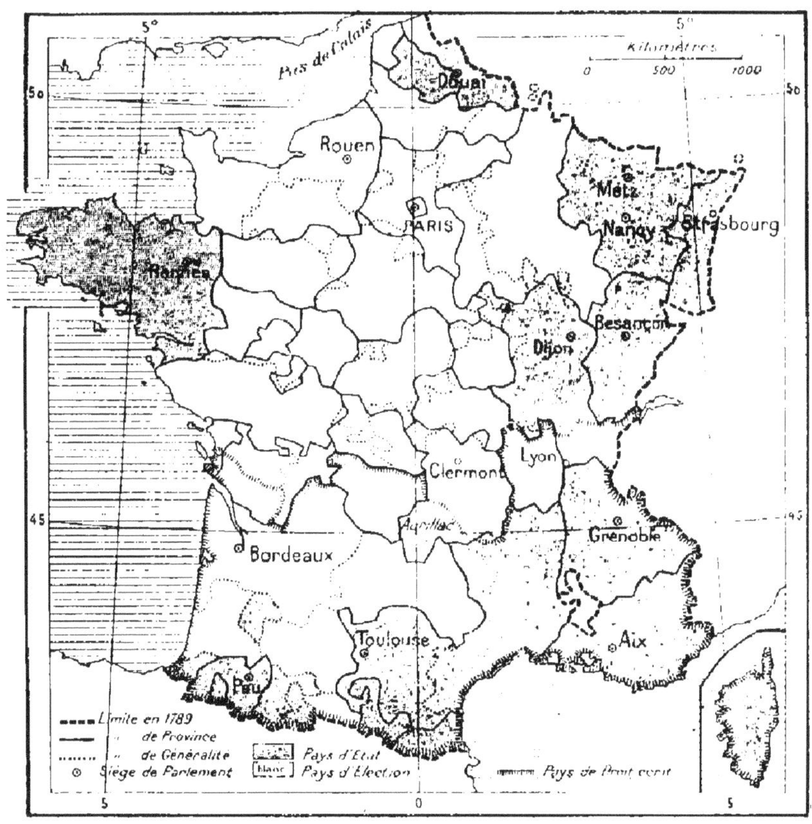


LES DIVISIONS ADMINISTRATIVES DE LA FRANCE EN 1789.

*On n'a tracé sur cette carte qu'une partie seulement des divisions administratives de la France en 1789, les provinces et les généralités. Cependant l'enchevêtrement des lignes pleines et pointillées suffit à faire comprendre la confusion de l'organisation administrative. Il faut imaginer par surcroît les divisions des gabelles, des aides, des douanes, des Parlements, des évêchés. On a indiqué par des hachures la limite des pays de droit écrit. Remarquer comment la province d'Auvergne par exemple est partagée entre deux législations : les habitants d'Aurillac étaient régis par d'autres lois que ceux de Clermont.*

intendants qui, pris dans la bourgeoisie, avaient à attendre leur fortune de la seule bienveillance du roi, étaient les agents dociles de son autorité. C'est par eux que sa volonté se faisait dans tout le royaume et que la France était une *monarchie centralisée*.

Leur compétence, on l'a vu[1], était universelle et leur puissance presque absolue : « L'intendant, a dit M. Lavisse, était le roi présent en la province » et c'était de l'intendant, selon le mot de Law, que dépendait « le malheur ou le bonheur des provinces ». Plusieurs, à l'exemple de Turgot en Limousin, avaient fait œuvre utile; mais beaucoup s'étaient rendus haïssables. « La preuve la moins équivoque de votre tendresse pour vos peuples, disaient au roi en 1789 des députés aux États Généraux, sera de les soustraire à l'influence des intendants. »

Les généralités étaient subdivisées comme le sont aujourd'hui nos départements. Mais tandis que nos départements sont d'une manière uniforme partagés en arrondissements, les subdivisions des généralités variaient de nature et de nom selon les régions. Elles s'appelaient ici *élections*, là *diocèses*, ailleurs *bailliages*, etc. Chacune comprenait un certain nombre de *paroisses*, l'équivalent de nos communes actuelles. Quelle que fût le nom de la division, élection ou bailliage, il s'y trouvait un *subdélégué*, agent de l'intendant, nommé par lui, révoqué par lui. Qu'on imagine aujourd'hui les sous-préfets nommés et révoqués par les préfets ; ce simple fait suffit pour faire comprendre combien grande était la puissance des intendants.

En maints endroits les limites des subdivisions étaient tracées de telle sorte qu'un village se trouvait partagé entre deux, parfois trois élections. Ailleurs, les limites étaient imprécises; on ne savait exactement à quelle circonscription appartenait telle partie du pays, de quelle autorité relevaient les habitants, de quel tribunal ils étaient justiciables, à quel régime d'impôts ils étaient soumis.

**ABSENCE D'UNITÉ**

La France, en effet, si elle était une monarchie centralisée, *n'était pas une monarchie unifiée.* Aujourd'hui les marchandises circulent librement à travers toute la France; les lois qui règlent les rapports entre particuliers; les impôts, la façon de les répartir et de les percevoir; les poids, les mesures, sont les mêmes par tous les départements.

Il en était tout autrement en 1789. Les poids et les mesures variaient de noms et de valeurs d'une province à l'autre, parfois d'un canton à l'autre. Par exemple la *perche* équivalait à 34 mètres carrés dans Paris; à 51 mètres ailleurs; à 42 mètres ailleurs

1. Voir *Temps Modernes*, page 234.

encore. Le souvenir de ces mesures particulières, — perche, journal, héminée, stérée, vergée, acre, arpent, boisseau, minot, setier, muid, etc., etc.. — subsiste encore chez nos paysans.

Dans les provinces dites *Pays d'États*, la répartition de l'impôt était faite par les députés de la province. Dans les provinces dites *Pays d'élection*, l'impôt était réparti directement par les agents du roi[1]. Il y avait sept tarifs différents et sept groupes différents de territoires pour la *gabelle*, l'impôt du sel. Par exemple, le tarif n'était pas le même dans le nord et le sud de la province d'Auvergne, à Clermont et à Aurillac.

Au sud d'une ligne partant de Genève et aboutissant à l'embouchure de la Charente, c'est-à-dire dans les régions du Rhône, de la Dordogne et de la Garonne, tous les Français étaient soumis aux mêmes lois civiles inspirées de l'ancien droit romain : on était en pays de *droit écrit*. Au contraire, au nord de la même ligne, dans les régions de la Loire, de la Saône, de la Seine, « on changeait de lois, disait Voltaire, en changeant de chevaux de poste » : on était en pays de *droit coutumier* et l'on comptait deux cent quatre-vingt-cinq coutumes, c'est-à-dire deux cent quatre-vingt-cinq codes différents. Dans la même province d'Auvergne, on était en pays de droit écrit à Aurillac, en pays de droit coutumier à Clermont, et cependant les deux villes étaient justiciables du même parlement, le parlement de Paris[2].

Enfin, tandis que treize provinces qui, dans la région de la Seine et de la Loire, formaient ce qu'on appelait les *cinq grosses fermes*, laissaient circuler les marchandises librement entre elles, dix-neuf autres provinces, *dites provinces étrangères*, avaient chacune leurs lignes de douanes, où l'on percevait des droits d'entrée sur tout produit venu de la province voisine, comme on les perçoit aujourd'hui aux frontières sur les produits venus de l'étranger.

Ces douanes intérieures, ces différences de législation, cette diversité des régimes d'impôts, cette variété des systèmes de poids et de mesures étaient des restes du Moyen Age, une survivance des temps féodaux. Les Capétiens et leurs successeurs avaient partout substitué leur autorité à l'autorité des ducs et des comtes. Mais ils avaient en grande partie respecté les institutions particulières des duchés et des comtés. En sorte que, par bien des points, la France de la monarchie était pareille

1. Voir *Temps Modernes*, pages 213 et 214.
2. Voir ci-dessus la carte, page 7.

à une Europe en miniature : les provinces y formaient comme autant d'États distincts. Selon le mot d'un de ceux qui allaient jouer le rôle le plus éminent dans la Révolution, *Mirabeau*, la France n'était encore en 1789 « *qu'une agrégation inconstituée de peuples désunis* ».

Chez beaucoup de ces peuples, l'esprit particulariste demeurait très puissant. Fortement attachés à leurs coutumes et à leurs privilèges locaux, beaucoup tenaient à conserver leur autonomie, à former un petit État dans le grand. Par exemple, tout en se proclamant Français, les habitants de l'Artois demandaient dans leurs *cahiers* aux États Généraux à n'être gouvernés que par des gens de l'Artois : les Provençaux déclaraient que « le roi de France ne serait reconnu en Provence que sous la qualité de comte de Provence » : les habitants du Dauphiné proclamaient que leur province était « dans le royaume et non pas du royaume ». L'achèvement de l'unité française devait être l'œuvre de la Révolution.

**LA JUSTICE**

L'organisation judiciaire n'était pas moins compliquée que l'organisation administrative. Là encore on trouvait des restes du Moyen Age et des temps féodaux dans les *justices seigneuriales*, dans les tribunaux de *bailliage* et de *sénéchaussée*. Les justices seigneuriales, dans beaucoup de villages, jouaient le rôle de nos tribunaux de simple police : le juge du seigneur réprimait les petits délits, injures, coups, ivresse, tapage, etc. Les tribunaux de bailliage et de sénéchaussée jugeaient toutes les questions de droits féodaux. Pour les procès relatifs aux impôts il y avait une juridiction spéciale : les *Cours des Aides*.

La hiérarchie ordinaire des tribunaux, celle qui dans ses grandes lignes correspondait à la hiérarchie actuelle, comprenait les *Présidiaux* et les *Parlements*.

Les Présidiaux, au nombre de cent environ, équivalaient à nos tribunaux de première instance qui sont au nombre de trois cent soixante-deux. Le rapprochement de ces deux chiffres suffit à faire sentir quelles difficultés et quelles lenteurs rencontraient les justiciables, quelles complications entraînait le moindre procès.

Les Parlements, au nombre de treize, étaient à la fois tribunaux de première instance et tribunaux d'appel. Leurs *ressorts*, c'est-à-dire l'étendue de leur juridiction, étaient de superficies étrangement inégales. Le ressort du Parlement de Paris allait du Pas-de-Calais au Lot, de notre département du Nord au département du Cantal : il comprenait quinze provinces, ou gouvernements, environ un tiers de la France. La juridiction du Parlement de Rouen était limitée à une province : la Normandie ; celle du parlement de Metz, à la ville de Metz et à sa banlieue.

Les magistrats qui siégeaient dans ces divers tribunaux étaient tous *propriétaires de leurs charges*, soit qu'ils les eussent achetées du roi, soit qu'ils les eussent héritées de leurs pères. Cette *vénalité des charges* n'était du reste pas particulière aux tribunaux : elle était de règle dans toutes les parties de l'administration et jusque dans l'armée.

Il existait au profit des magistrats un certain nombre de coutumes singulières. Par exemple il était d'usage que les plaideurs vinssent solliciter leurs juges ; pour les intéresser à leur cause, ils leur apportaient un cadeau : c'est ce que l'on appelait les *épices*.

En matière criminelle les lois étaient demeurées féroces. Nombre de faits, à peine considérés comme des délits aujourd'hui et que l'on punit d'une amende de quelques francs, étaient châtiés comme des crimes. Un délit de chasse qui coûte aujourd'hui vingt-cinq francs, conduisait le coupable aux galères à perpétuité, et l'on n'hésitait pas, selon l'expression d'un cahier des Etats Généraux, « à mettre en compensation la vie d'un lapin et celle d'un homme ». Un accusé était toujours supposé coupable. La *question préparatoire*, c'est-à-dire la torture appliquée à l'accusé pour lui arracher des aveux, avait été abolie en 1780 ; mais la *question préalable*, c'est-à-dire la torture avant l'exécution de la sentence, continuait à être appliquée malgré la défense que le roi venait de prononcer (1788).

**LES FINANCES**

A la veille de l'ouverture des États Généraux, la situation financière était la suivante. Les dépenses prévues pour l'année montaient à 530 000 000 de livres ; les recettes à 475 000 000, le déficit était de 55 000 000 : beaucoup pensaient qu'il monterait en réalité à 90 000 000 de livres. Le paiement des intérêts de la dette absorbait à lui seul 206 000 000 de livres[1], près de la moitié des recettes.

1. Ces différents chiffres représenteraient aujourd'hui en francs :

| | | |
|---|---|---|
| Dépenses | 1 512 000 000 | environ. |
| Recettes | 1 350 000 000 | — |
| Déficit prévu | 150 000 000 | |
| Déficit probable | 250 000 000 | — |
| Intérêts de la dette | 615 000 000 | — |
| Accroissement de la dette sous Louis XVI | 3 200 000 000 | — |

Cette déplorable situation n'était pas imputable à Louis XVI seul : elle était la conséquence logique de la politique financière suivie depuis François I^er^ par tous les rois, Henri IV excepté, et que le comte d'Artois, frère de Louis XVI, résumait ainsi en 1788 : « *Les dépenses du roi ne peuvent être réglées sur ses recettes, mais ses recettes sur ses dépenses*[1] ».

Le résultat, c'était les dépenses toujours supérieures aux recettes ordinaires, le déficit constant; pour le combler, le recours à *l'extraordinaire*, c'est-à-dire aux ventes d'offices, aux emprunts, par suite l'accroissement perpétuel de la dette. En douze années du règne de Louis XVI, de 1776 à 1788 la dette avait été accrue d'un milliard cent quarante millions de livres, *trois milliards deux cent soixante millions* d'aujourd'hui. Personne ne voulait plus prêter au roi, et l'on ne pouvait songer à augmenter les impôts.

**LES IMPOTS DIRECTS**

Les impôts étaient de deux sortes : les uns directs, les autres indirects. Les impôts directs étaient *la taille* dont l'institution remontait à la guerre de Cent Ans, la *capitation* et le *vingtième*, ces deux derniers imaginés sous Louis XIV.

La taille n'était pas partout de même nature. Dans les provinces du Midi elle était prélevée sur les terres et les maisons, comme aujourd'hui l'impôt foncier : c'était la *taille réelle*, relativement équitable par ce qu'elle était établie sur une base certaine et visible. Partout ailleurs la taille était *personnelle*. La *taille personnelle* était établie d'après la fortune *présumée*; elle était par suite arbitraire au premier chef. Des plumes de poulet aperçues sur le pas des portes, le visage un peu plus plein des paysans suffisaient, on l'a vu[2], à faire augmenter leurs impositions.

La taille était l'impôt roturier : seuls les bourgeois, les ouvriers et les paysans la payaient. Les terres de la Noblesse et de l'Église, les nobles et les clercs en étaient exempts. Il n'en était pas de même, du moins en théorie, de la capitation et du vingtième, qui étaient des impôts universels.

La capitation était un impôt de classe, comme il en existe aujourd'hui même en Prusse. Tous les Français étaient, selon leur fortune, rangés dans vingt-trois classes et payaient annuellement

1. Voir les *Temps Modernes*, page 484.
2. Voir les *Temps Modernes*, pages 244 et 484.

une taxe proportionnée à l'importance de leur fortune. L'héritier de la couronne, le Dauphin, était inscrit en tête de la première classe et devait payer deux mille livres. Les sujets de la vingt-troisième classe ne payaient rien.

Le vingtième était un impôt sur le revenu. C'était l'ancien impôt du *dixième* proposé par Vauban au temps de Louis XIV. Mais il avait été doublé et montait nominalement à vingt pour cent, un cinquième du revenu.

Dans la réalité, capitation et vingtième, impôts théoriquement universels, frappaient surtout les roturiers. Le clergé s'était « *racheté* » de la capitation en payant une fois pour toutes, en 1710, une somme égale à sa contribution de six années : les pays d'États s'étaient « *abonnés* », c'est-à-dire payaient une somme invariable très inférieure à celle qu'ils auraient dû verser. Capitation et vingtième n'étaient pas calculés de même façon pour le noble et pour le roturier. Le premier était dégrevé, le second surchargé. Les princes du sang, qui auraient dû payer 2 400000 livres pour leurs vingtièmes, en payaient 188000. Le vingtième était en Champagne, un impôt de dix pour cent pour le noble, de soixante pour cent pour le roturier. Dans l'Ile de France, un marquis, pour sa capitation, payait 400 livres quand il en aurait dû payer 2500 ; un bourgeois payait plus de 760 livres, quand il en aurait dû payer 70.

Au total, les trois impôts directs, taille, capitation et vingtième, enlevaient en moyenne aux non-privilégiés de cinquante à cinquante-sept francs par cent francs de revenu. *La moitié au moins de ce que gagnait le bourgeois, l'ouvrier, le paysan, s'en allait aux caisses de l'État.* Encore n'était-ce pas là tout ce que prenait l'État.

**LES IMPOTS INDIRECTS**

En effet aux impôts directs s'ajoutaient les *impôts indirects*, et spécialement la *gabelle* et les *aides*. Ces impôts, on l'a vu[1], étaient levés non pas directement par l'État, mais par des *fermiers* à qui le roi, comme le sultan aujourd'hui en Turquie, vendait le droit de les percevoir. La perception n'en était que plus rigoureuse, les fermiers cherchant à en tirer les plus gros revenus possible.

La gabelle, le monopole de la vente du sel, donnait lieu à

2. Voir les *Temps Modernes*, page 214.

d'odieux abus. Toute personne au-dessus de sept ans était tenue d'acheter annuellement au moins sept livres de sel. C'était le *sel du devoir*. Ne pas l'acheter était un délit, fût-on dans la misère, et le délinquant était rigoureusement poursuivi : « En Normandie, disait le Parlement de Rouen à la veille de la Révolution, chaque jour on voit saisir, vendre, exécuter, pour n'avoir pas acheté du sel, des malheureux qui n'ont pas de pain. »

Ce sel du devoir, dit sel « pour pot et salière » devait être exclusivement employé à la table. Si l'on s'avisait de s'en servir pour les salaisons, les viandes ainsi préparées étaient confisquées et le délinquant était frappé d'une amende de 300 livres — 850 francs.

Les agents des fermiers, les *gabelous*, avaient le droit de pénétrer dans les maisons et de les visiter de fond en comble, pour s'assurer qu'on n'employait pas de sel autre que celui de la ferme, reconnaissable à sa mauvaise qualité. Le *faux-saunage*, c'est-à-dire la contrebande, était sévèrement réprimé : Calonne avouait aux Notables en 1787 que chaque année plus de *trente mille* personnes étaient emprisonnées et plus de cinq cents condamnées à la peine capitale ou aux galères pour contrebande du sel.

L'aide sur le vin était aussi intolérable que la gabelle. Le vin était taxé au moment de la fabrication, taxé au moment de la vente chez le producteur, taxé sur les routes, — de trente-cinq à quarante fois entre le Languedoc et Paris, — taxé à l'entrée en ville, taxé chez le détaillant. Une pièce de vin estimée cent cinquante francs au moment de la fabrication à Montpellier, avait payé cent vingt-deux francs de droits quand on la buvait à Paris. Plus odieux encore était le contrôle exercé sur la consommation. A chaque famille, quel que fût le nombre de ses membres, on reconnaissait le droit de consommer quatre pièces de vin par an. Pour toute pièce consommée en surplus — ce que l'on appelait « le trop bu » — le père de famille était frappé d'une imposition spéciale, comme suspect de se livrer à la vente clandestine du vin.

Il en était du reste pour l'aide du vin comme pour la gabelle : elle n'était pas établie dans les mêmes conditions par tout le royaume, et dans certaines paroisses que traversait une rivière, sur l'Yonne par exemple, les habitants de la rive gauche étaient soumis à l'aide, ceux de la rive droite en étaient exempts.

**ÉCONTENTEMENT UNIVERSEL.**

Ces indications sommaires suffisent à faire sentir tout ce qu'il y avait d'oppressif dans l'organisation politique, administrative et financière de l'ancienne France, tout ce qui s'y trouvait d'arbitraire, d'inégalité et de confusion. Le mal était devenu si violent que ceux-là même à qui le régime d'inégalité profitait, les privilégiés, ceux des provinces du moins, vivant près du peuple, dénonçaient la souffrance publique, et y demandaient remède. « Il est de la plus cruelle, mais de la plus constante vérité, disait la Noblesse d'Albret dans son cahier aux États Généraux, que la dégradation du pays, la misère des cultivateurs, la ruine des propriétaires, sont le produit du régime fiscal.... Tout est parmi nous livré à l'arbitraire le plus révoltant, à l'injustice la plus criante, à l'oppression la plus scandaleuse. »

L'ÉGALITÉ DEVANT L'IMPÔT.

Fac-simile d'une estampe de 1789.
Bibliothèque nationale.

*Cette estampe, d'auteur inconnu, traduit de la façon la plus claire le sentiment de la nation en matière d'impôts. La Noblesse — représentée par un officier — et le Clergé doivent supporter les charges de l'État aussi bien que le Tiers — représenté par un paysan dont la veste et le pantalon sont rapiécés aux coudes et aux genoux. Pour payer la dette nationale il faut un impôt pesant également sur tous — l'impôt territorial. « Le Temps présent veut que chacun supporte le grand fardeau, » dit la légende. Au fond un champ de blé et une charrue.*

## II

### ÉTAT SOCIAL
### CLERGÉ — NOBLESSE — VILLES — PAYSANS

L'organisation de la société était, en 1789, la même que cinq cents ans plutôt, au treizième siècle, sous Philippe le Bel : elle avait toujours pour principe l'*inégalité*. Elle comprenait trois classes ou *ordres* : le *Clergé*, la *Noblesse*, le *Tiers État*. Les deux premiers ordres étaient *privilégiés*. Leurs privilèges étaient *honorifiques*, comme le droit d'être admis à la cour, ou *réels*, comme l'exemption de la taille, le droit pour le Clergé de percevoir la dîme, pour la Noblesse de toucher des redevances féodales. Dans le Tiers État qui comprenait les bourgeois, les ouvriers et les paysans, beaucoup de bourgeois étaient eux-mêmes privilégiés. La plus lourde part des charges publiques retombait sur la masse pauvre et laborieuse des ouvriers et des paysans.

On ne sait pas avec précision, parce qu'on ne faisait pas alors de recensements, quel était le chiffre de la population : on admet en général qu'il y avait vingt-cinq millions d'habitants. L'ordre du Clergé et celui de la Noblesse comptaient chacun de cent trente à cent quarante mille personnes : soit environ deux cent soixante-dix mille privilégiés, auxquels il faut ajouter un nombre à peu près égal de bourgeois pourvus d'offices et jouissant par suite d'importantes exemptions. Au total la population française comprenait moins de six cent mille privilégiés et plus de vingt-quatre millions de non-privilégiés.

**LE CLERGÉ**

Le Clergé, premier ordre de l'État en raison de ses fonctions sacrées, se divisait en clergé *régulier* et en clergé *séculier*. Les réguliers, religieux et religieuses, étaient environ soixante mille. Le clergé séculier ou clergé des paroisses, comptait environ soixante-dix mille personnes.

Le Clergé formait seul réellement un ordre, parce que seul il avait une organisation établissant des liens assez étroits entre ses membres. Il avait en effet des assemblées de députés qui se réunissaient tous les cinq ans, pour délibérer sur les intérêts de l'ordre, pour voter et répartir les subsides réclamés par le roi. Il avait également conservé ses tribunaux particuliers, les *officialités*, dont les jugements toutefois pouvaient toujours être frappés d'appel devant la justice civile.

**FORTUNE DU CLERGÉ**

Le Clergé disposait d'une énorme fortune. Ses propriétés, estimées à quatre milliards environ, occupaient le quart du territoire français : dans certaines provinces, l'Artois par exemple, le Clergé possédait les trois quarts du sol. Au revenu de ces terres, qui n'était pas inférieur à cent soixante-dix millions par an, s'ajoutait le revenu de la *dîme* prélevée sur tous les produits agricoles, de cent vingt à cent vingt-cinq millions : puis les *droits féodaux* prélevés sur les habitants des terres d'Église, soit encore une centaine de millions. Le revenu total dépassait annuellement 390 000 000, plus de onze cents millions aujourd'hui.

**CHARGES DU CLERGÉ**

De ce revenu une partie était consacrée à l'entretien des édifices religieux, des hôpitaux, des services d'assistance publique et de quelques établissements d'enseignement, et aux aumônes très abondantes. En outre le Clergé, sous le nom de *décimes* et de *don gratuit*, payait au roi des impôts spéciaux qui, joints à la capitation et au vingtième, représentaient environ vingt millions de livres, cinquante-sept millions par an.

**HAUT ET BAS CLERGÉ**

Mais la plus grosse part des revenus allait au *haut clergé*, archevêques, évêques, la plupart vivant à la cour, aux abbés, aux chanoines, etc., en tout cinq ou six mille personnes. Les évêques avaient en moyenne cent mille livres de revenus. Quelques-uns jouissaient de revenus princiers. L'évêque de Strasbourg par exemple disposait de 600 000 livres, plus d'un million et demi de francs par an : il pouvait recevoir et loger en son palais de Saverne deux cents invités à la fois : il avait cent quatre-vingts chevaux dans ses écuries. L'abbé de Clairvaux, l'abbé de Saint-Waast, près d'Arras, touchaient plus de 300 000 livres par an. Le haut clergé, à la veille de la révolution, était presque exclusivement recruté dans la Noblesse, et les évêchés étaient devenus de vraies propriétés de famille, des apanages de cadets, transmis régulièrement d'oncle à neveu.

Le *bas clergé* au contraire, *soixante mille curés ou vicaires*, se recrutait dans le Tiers État, et il était fréquemment misérable. On a vu comment au temps de Louis XIV les revenus des cures allaient à des personnes qui ne remplissaient pas réellement les fonctions ecclésiastiques, et se faisaient remplacer par des *desservants* auxquels ils abandonnaient une faible part de revenus, *la portion congrue*[1]. La situation était la même en 1789. La portion congrue, fixée à sept cents livres — 1900 francs — pour les curés; à trois cent cinquante livres — 800 francs — pour les vicaires, n'était jamais entièrement payée. Cependant c'était sur ces prêtres misérables et « dont le sort, écrivait l'un d'eux, faisait crier jusqu'aux pierres et aux chevrons du presbytère », que l'on prélevait le plus gros des sommes nécessaires au paiement du don gratuit et des décimes. Par exemple, on prenait de soixante à cent vingt livres sur sept cents à un curé de la province d'Auvergne. Aussi tout le bas clergé, en 1789, ressentait-il une vive irritation contre ses supérieurs « qui nagent dans l'opulence et qui l'ont vu toujours souffrir avec tranquillité ». D'autre part, sortis du peuple, vivant près du peuple, connaissant sa misère, souvent la partageant, curés et vicaires étaient prêts à lier leur cause à sa cause, et les députés du bas clergé devaient puissamment aider à la destruction de la monarchie absolue.

**LA NOBLESSE**

La Noblesse, second ordre de la nation, était divisée en *noblesse d'épée*, et *noblesse de robe*. La première était la noblesse de sang, composée de *gentilshommes* généralement titrés, ducs, marquis, comtes, etc. La seconde, d'origine royale, était une noblesse de fonctions et se composait d'*anoblis*. La noblesse d'épée se divisait elle-même en *grande noblesse*, ou *noblesse de cour*, et *petite noblesse*, ou *noblesse de province*.

La Noblesse était comme le Clergé un ordre privilégié. Exempts de la taille personnelle, les nobles avaient en outre conservé des temps lointains de la féodalité le droit de percevoir sur les paysans certaines taxes justifiées à l'origine par les services rendus. De ces droits féodaux les plus importants étaient : le *champart*, un droit de prélèvement sur les récoltes que le seigneur jadis se chargeait de garder contre les pillards; les *péages* et les *banalités*, c'est-à-dire une taxe perçue pour l'usage du pont et de la route, du moulin, du four, et du pressoir que le seigneur autrefois était seul assez riche pour construire et entretenir. C'étaient là les *privilèges réels* auxquels s'ajoutaient les *privi-*

1. Voir les *Temps Modernes*, page 291.

*lèges honorifiques*, charges de cour, commandements aux armées, ambassades, gouvernements. Les privilèges réels étaient communs à toute la Noblesse; les privilèges honorifiques étaient en fait le monopole de la grande noblesse, une minorité.

**LA GRANDE NOBLESSE**

La grande noblesse ne comptait guère plus d'un millier de personnes. Depuis plus de deux siècles, mais surtout depuis Louis XIV, elle avait déserté ses terres pour vivre à Versailles autour du roi, dans un luxe ruineux et l'oisiveté. Elle était devenue noblesse de cour. Quelques grands seigneurs à la fin de Louis XV et sous Louis XVI, étaient bien revenus à leurs domaines et en dirigeaient eux-mêmes l'exploitation. Mais leur exemple n'avait pas été suivi. Ayant d'immenses propriétés, la grande noblesse était en apparence fort riche. Seulement ses propriétés demeuraient incultes, et les voyageurs étrangers s'étonnaient de n'y trouver rien que « des bruyères, des landes, des déserts, des fougeraies ». Par suite la grande noblesse était dans la gêne et lourdement endettée : tel prince du sang dont la fortune était estimée cent quatorze millions avait soixante-quatorze millions de dettes. De là pour tenir son rang, l'obligation de solliciter âprement les largesses royales, les sinécures à gros traitements et les pensions. De là aussi l'attachement de la grande noblesse à l'ancien régime et à ses abus, dont elle profitait.

Elle avait suscité contre elle bien des jalousies, des rancunes et des colères; jalousies des nobles de province qui lui reprochaient d'accaparer les faveurs, de leur « fermer tout accès à toute espèce de récompenses »; rancunes de la noblesse de robe et de la riche bourgeoisie qu'elle affectait de dédaigner; colères des paysans, qu'irritait la vue de tant de terres laissées en friche quand tous vivaient dans la perpétuelle crainte de la disette, colères accrues par la perception des redevances féodales. Le besoin d'argent contraignait en effet les nobles de cour à en réclamer exactement le paiement. Le plus souvent ils donnaient à ferme la perception, comme faisait l'État pour les impôts indirects. Les fermiers, afin de rentrer dans leurs avances et d'assurer leur bénéfice, poursuivaient impitoyablement les débiteurs, et leurs rigueurs rendaient odieux les nobles au nom de qui on les exerçait.

Pourtant dans la grande noblesse les esprits éclairés ne manquaient pas. Beaucoup étaient pénétrés des doctrines des Philosophes et des Économistes. Quelques-uns, tel le marquis de Lafayette, avaient été, dix ans auparavant, combattre en Amérique pour l'indépendance des États-Unis. De cette expédition ils étaient revenus conquis aux idées de liberté et d'égalité, et partisans déterminés d'une transformation profonde du gouvernement et de la société.

**LA NOBLESSE DE PROVINCE**

Les cent mille nobles de province étaient en général peu fortunés, et souvent leur gêne était extrême. Beaucoup n'avaient pas plus de trois ou quatre mille francs de revenus. Leurs familles étaient le plus souvent fort nombreuses. Les fils allaient à l'armée; ils y végétaient, officiers sans avenir, arrêtés au grade de capitaine ou de major, parce que les grades supérieurs étaient réservés aux nobles de cour. Les pères résidaient en général sur leurs domaines. Il était rare qu'ils fussent systématiquement hautains et durs, et sauf dans les régions où à l'exemple des nobles de cour ils donnaient à ferme la perception de leurs droits féodaux, il n'y avait chez les paysans nulle hostilité contre eux. Il y avait même du respect et un sincère attachement pour les nobles dans l'Ouest, dans certaines parties de la Bretagne, en Anjou, en Poitou, en Vendée, dans le Midi en Provence, parce que là, les nobles vivaient familièrement avec leurs paysans, s'intéressaient à leur existence et leur étaient secourables. Religieusement dévoués au roi, mais voyant de près les néfastes conséquences de la monarchie absolue et en subissant le contre-coup, les nobles de province en majorité, s'ils ne songeaient pas à une transformation sociale complète, jugeaient indispensables, eux aussi, des réformes politiques.

**LA NOBLESSE DE ROBE**

Il y avait en France d'après le calcul de Necker quatre mille charges, toutes vénales, qui donnaient la noblesse à leurs titulaires : cela représentait au moins quarante mille anoblis dont l'ensemble formait la *noblesse de robe*. Dans cette noblesse, sortie de la bourgeoisie riche, existaient des distinctions comme dans la noblesse d'épée; il y avait pour ainsi dire une grande et une petite noblesse de robe, la noblesse des Parlements et des Cours Souveraines, la noblesse des offices secondaires de justice et de finances.

En raison de l'hérédité des charges et par conséquent de l'hérédité de l'anoblissement, les anoblis des Parlements et des Cours Souveraines, Grand Conseil, Cour des Comptes, Cour des Aides, avaient, depuis le dix-septième siècle, fait souche de gentilshommes. Il n'y avait guère de distinction entre les descendants des grandes familles parlementaires et les gentilshommes titrés : comme ceux-ci ils fréquentaient la cour, et dans

LES ÉLÉGANTS DE 1789.
Fragment d'une gravure en couleur de DEBUCOURT (1755-1832). Bibliothèque nationale. — Photographie.

*La gravure représente un coin du jardin du Palais Royal, le rendez-vous des oisifs à la veille de la Révolution. Au fond le haut des maisons à galeries, telles qu'elles sont encore aujourd'hui. En avant, le* Café Chinois, *une rotonde en treillages peints en vert, avec une tente circulaire. Des tables pour les consommateurs. Elégantes à chapeaux extravagants avec couronnes de plumes surmontées de panaches noirs en points d'interrogation. A gauche, au premier plan, une dame en robe blanche, habit bleu à boutons d'or, grande canne à la main. Derrière elle un élégant, chapeau sous le bras, en habit à rayures roses et bleues. Debucourt, d'abord peintre de genre, est surtout connu comme graveur en couleur.*

l'armée il ne manquait pas d'officiers dont les pères avaient été « de robe ». Au cours des dernières années, pendant le ministère de Loménie de Brienne, la noblesse parlementaire opposée aux emprunts et aux impôts nouveaux, était apparue comme l'ennemie du despotisme et l'adversaire de la monarchie absolue[1]. Mais ses véritables sentiments s'étaient manifestés dans son opposition aux réformes de Turgot[2]. Privilégiés, les nobles de robe tenaient énergiquement au maintien de leurs privilèges. Ils furent aux États Généraux les plus acharnés adversaires du Tiers État. Les sentiments des anoblis de second ordre n'étaient pas différents. Les uns et les autres devaient en grand nombre faire cause commune avec les moins libéraux des nobles de cour.

**LE TIERS ÉTAT**

Le Tiers État, l'ordre non privilégié, comprenait la masse de la nation. On trouvait entre ses membres les mêmes inégalités qu'entre les membres du Clergé et de la Noblesse. On distinguait les bourgeois, les artisans et ouvriers, les paysans : en fait trois classes distinctes.

La Bourgeoisie comprenait tous ceux qui ne travaillaient pas de leurs mains, tous les hommes de professions libérales, professeurs, médecins, avocats; puis la foule des « gens de loi » les « *robins* », notaires, greffiers, procureurs, — les avoués d'aujourd'hui, — peut-être deux cent mille personnes; les gens de finances depuis le banquier jusqu'au collecteur d'impôt : enfin les grands commerçants.

**LA BOURGEOISIE**

La Bourgeoisie s'était beaucoup enrichie au cours du dix-huitième siècle. Malgré les guerres, le commerce n'avait pas cessé de croître et le chiffre des exportations avait plus que triplé en soixante ans. Ce développement économique avait presque exclusivement profité à la Bourgeoisie. Aussi était-ce elle qui avait fourni au roi la majeure partie des sommes empruntées; c'était elle aussi qui s'était chargée des grands travaux, comme les constructions de routes. Elle était donc directement atteinte par le désordre financier, le déficit, les paiements irréguliers, les menaces de banqueroute. De là chez les bourgeois le désir d'une *transformation politique* qui leur permît de surveiller l'administration des deniers de l'État, de participer même à cette administration.

1. Voir les *Temps Modernes*, page 516.
2. Voir les *Temps Modernes*, page 514.

Ces bourgeois étaient en outre généralement cultivés. Ils avaient lu les œuvres des Économistes et des Philosophes, Montesquieu, Voltaire, Rousseau surtout, le théoricien de la souveraineté du peuple, l'apôtre de *l'égalité*. Ils avaient à juste titre le sentiment de valoir, par leur culture et par leur force de travail, les nobles que certains d'entre eux fréquentaient. De là en même temps que le désir d'une réforme politique, le désir d'une *réforme sociale* qui fît du bourgeois l'égal du noble. Une brochure publiée au mois de janvier 1789 par l'abbé *Siéyès*, et qui eut un énorme retentissement, résumait ainsi dans son titre la situation et les aspirations de la Bourgeoisie : « Qu'est-ce que le Tiers État ? Tout. — Qu'a-t-il été jusqu'à présent dans l'ordre politique ? Rien. — Que demande-t-il ? A y devenir quelque chose. »

**LES ARTISANS** Au-dessous de la Bourgeoisie on plaçait les artisans, c'est-à-dire tous ceux, patrons ou ouvriers, qui vivaient d'un métier manuel. Ils n'étaient guère plus de deux millions à deux millions et demi, établis la plupart dans les villes. Ils représentaient environ un dixième de la population de la France. Cette faible proportion de la population ouvrière résultait du faible développement de l'industrie. Les artisans étaient en majorité groupés encore dans les antiques cadres des corporations qui, un moment abolies par Turgot en 1776, avaient été rétablies aussitôt après sa chute[1]. Cependant on tombait généralement d'accord que les corporations, avec leurs règlements étroits et tracassiers, étouffaient l'esprit d'initiative, entravaient l'accroissement de l'industrie, portaient atteinte, selon les expressions de Turgot, « au premier et au plus imprescriptible des droits, le droit au travail ». Les ouvriers libres étaient toutefois assez nombreux à Paris dans les deux faubourgs Saint-Antoine et Saint-Marceau.

**LES PAYSANS** Les Français en 1789 étaient un peuple de paysans. Près des neuf dixièmes des habitants, plus de vingt et un millions, vivaient aux champs, du travail de la terre. Un million environ étaient encore serfs, surtout en Franche-Comté et en Bretagne. Les paysans en majorité étaient *colons*, *journaliers* ou *métayers*. Le colon et le journalier étaient les ouvriers agricoles. Le *colon* était engagé à l'année, pour le

1. Voir les *Temps Modernes*, pages 512 et suivantes.

vêtement, le logis et la nourriture; sa nourriture dans le Poitou montait à trente-six livres, un peu plus de cent francs par an; à vingt-cinq livres, moins de soixante-quinze francs dans le Berri. Le *journalier*, payé au jour le jour, ne gagnait pas dix sous, un franc cinquante par jour. Le *métayer* partageait avec le propriétaire les produits de la culture: mais il partageait également les charges, et les charges étaient énormes. Beaucoup de paysans étaient déjà propriétaires : mais on n'en comptait guère plus de cinq cent mille qui fussent pleinement maîtres du sol. Les autres le possédaient soit moyennant le paiement d'une rente perpétuelle, soit moyennant le paiement des redevances féodales : ceux-ci, les plus nombreux, étaient les *censitaires*. Ils étaient les plus malheureux.

**LES CHARGES DES PAYSANS**

Selon l'expression du cardinal de Richelieu, aussi juste en 1789 qu'en 1630, le paysan était le mulet de l'État. Toutes les charges pesaient sur lui. Propriétaire ou métayer, il avait à payer au roi pour tous les impôts directs, plus de cinquante-cinq pour cent de son revenu, au dire de Turgot. Il avait en outre à payer au curé la dîme. A ces deux charges s'ajoutaient, quand le paysan était censitaire, les droits féodaux. De ces droits innombrables les plus onéreux, et en même temps ceux qui étaient perçus de la façon la plus tyrannique, étaient le *champart* et les *banalités*.

Le *champart* perçu sur les récoltes était à peu près l'équivalent de la dîme. Le paysan ne pouvait rentrer sa moisson tant que le seigneur n'avait pas fait compter les gerbes; qu'un orage survînt, la moisson était perdue. Les *banalités* étaient les taxes perçues pour l'usage du moulin, du four, du pressoir seigneurial. L'usage était obligatoire : le censitaire ne pouvait ni moudre son grain, ni cuire son pain chez lui. Or, dans certains cantons de la Provence les moulins étaient à quatre et cinq heures du village, et les paysans devaient traverser à gué seize rivières ou ruisseaux pour y parvenir. En été, quand faute d'eau le moulin ne tournait pas, il fallait néanmoins y présenter le grain à moudre, attendre trois jours et payer une redevance pour être autorisé à faire moudre ailleurs. Les droits féodaux coûtaient au paysan aussi cher que la dîme.

Au total, sur cent francs de revenu net, le paysan censitaire se voyait prendre par le roi, le curé et le seigneur soixante quinze francs, *les trois quarts de son revenu*. Il lui restait en outre à payer les impôts indirects, le sel du devoir et les aides. Pour vivre et faire vivre les siens, *on lui laissait à peine le cinquième du revenu de son travail.*

**LA MISÈRE PUBLIQUE**

Aussi le paysan n'avait-il point de réserves : la moindre intempérie compromettant la récolte, le réduisait à la disette. Au moment où allaient s'ouvrir les États Généraux, la France traversait précisément une redoutable crise de misère. La récolte avait été mauvaise en 1788. Par surcroît, l'hiver de 1789 fut des plus rigoureux. A Paris, en janvier, d'après un ambassadeur « il gelait pour ainsi dire devant les cheminées ». Les rivières étaient prises. Les paysans, disait l'archevêque de Paris « étaient réduits aux dernières extrémités de l'indigence ». On payait le pain sept sous les deux livres ce qui ferait aujourd'hui, près d'un franc le kilogramme. Il y avait par la France des centaines de milliers de mendiants, rôdeurs affamés, à moitié brigands. A Paris, sur 650000 habitants on comptait plus de 119000 indigents, une armée toute prête pour l'émeute. Les cahiers qu'apportaient les députés aux États Généraux, étaient remplis d'une plainte universelle. « Nous sommes véritablement serfs, esclaves des seigneurs, disaient plusieurs cahiers de Bretagne, de vrais esclaves par les droits qu'il nous faut payer ; la féodalité est notre plus grand fléau, la nécessité de l'abolir est urgente. » — « Si vous voyiez les pauvres chaumières que nous habitons, écrivaient des paysans de Champagne, la pauvre nourriture que nous prenons, vous en seriez touché : cela vous dirait mieux que nos paroles que nous n'en pouvons plus et qu'il faut nous diminuer. » Abolition des charges féodales, adoucissement des charges d'État : tels étaient les vœux essentiels des paysans.

Du haut de la chaire, dans l'église Saint-Louis, à Versailles, l'archevêque de Nancy, prononçant le sermon à la messe d'ouverture des États, le 4 mai 1789, disait, s'adressant à Louis XVI qui somnolait sur son trône : « Sire, le peuple sur lequel vous régnez a donné des preuves non équivoques de sa patience. C'est un peuple martyr à qui la vie semble n'avoir été laissée que pour le faire souffrir plus longtemps ».

## CHAPITRE II

# LA CHUTE DE LA MONARCHIE ABSOLUE
# LES ÉTATS GÉNÉRAUX
# L'ASSEMBLÉE CONSTITUANTE

Les *États Généraux* réunis le 4 mai 1789, transformés le 17 juin suivant en *Assemblée Nationale*, prirent le 9 juillet le titre d'*Assemblée Constituante*. La Constituante siégea jusqu'au 14 septembre 1791. Dans une période d'un peu plus de deux ans, les États Généraux et la Constituante accomplirent une double révolution, politique et sociale. La *révolution politique* consista dans la *destruction de la monarchie absolue*, et l'établissement d'une monarchie constitutionnelle où les pouvoirs du roi étaient rigoureusement limités. La *révolution sociale* consista dans l'abolition des ordres et des privilèges, et l'*établissement de l'égalité* entre tous les Français. La révolution politique s'accomplit dans les journées du 17 et du 23 juin 1789 où les députés du Tiers, après s'être constitués en Assemblée Nationale, se déclarèrent inviolables et opposèrent la souveraineté du peuple à la souveraineté du roi. La révolution sociale s'accomplit dans la nuit du 4 août où tous les privilèges furent abolis. Le détail de l'organisation nouvelle, résultat de la révolution, fut réglé par un ensemble de décrets qui formèrent la *Constitution de* 1791, la première constitution écrite qu'ait eue la France.

La révolution ne s'accomplit pas sans luttes. Le succès n'en fut possible que grâce au *peuple de Paris* qui, intervenant à deux reprises, formant une *garde nationale* le 14 juillet 1789, ramenant *Louis XVI prisonnier dans Paris* le 6 octobre de la même année, déjoua les projets du roi contre l'Assemblée.

En même temps que se transformait l'organisation politique et sociale, se transformèrent les conditions même d'existence de la France. Les rois l'avaient créée par la conquête en occupant ses provinces une à une au cours des siècles. Les provinces la *reconstituèrent par un acte d'association volontaire*, à la cérémonie de la *Fédération*, le 14 juillet 1790.

**ES ÉLECTIONS**

Les élections des députés aux États Généraux commencèrent au mois de février 1789. Mais elles ne furent faites ni partout en même temps, ni partout dans les mêmes conditions. A Paris elles n'eurent lieu qu'au

COSTUMES DE CÉRÉMONIE DES DÉPUTÉS DES TROIS ORDRES.
D'après un dessin conservé à la Bibliothèque nationale.

*Un règlement royal fixa minutieusement le costume que porteraient les députés des trois ordres dans les grandes cérémonies et notamment à la séance d'ouverture et aux séances royales. A gauche, un cardinal, en soutane — la robe — manteau et chapeau rouges, en rochet — le surplis — de dentelle. Les évêques étaient en violet, les abbés et les curés en noir, tous avec le manteau long de la couleur de la soutane. — Au milieu, un député de la Noblesse, habit, manteau, culotte de satin noir; gilet et parements d'habit d'étoffe d'or, boutons d'or; cravate de dentelle, bas blancs; chapeau « retroussé à la Henri IV » garni de plumes blanches. A droite, un député du Tiers, habit, gilet, culotte de drap noir, manteau de soie « tel que les personnes de robe — les magistrats — sont dans l'usage de le porter à la cour »; cravate de mousseline; chapeau tricorne, sans ganses ni boutons, pareil à celui des ecclésiastiques. On avait tenu à ce que le costume même, sombre et très simple, marquât quelle distance il y avait entre le Tiers et les autres ordres.*

mois de mai, les États Généraux étant déjà réunis. Les tableaux de circonscriptions électorales dressés à Versailles témoignaient du désordre de l'administration royale : on y avait inscrit des circonscriptions disparues ou qui n'avaient jamais existé; par contre on y avait omis des circonscriptions existantes. Le Clergé et la Noblesse élurent en général directement leurs députés. Le Tiers État nomma les siens à deux degrés, et tous ses membres ne furent pas appelés à voter. Ceux-là seulement votèrent qui payaient un impôt direct et étaient âgés d'au moins vingt-cinq ans. Ils élurent dans chaque paroisse des *délégués* qui à leur tour, réunis au bailliage, élurent les députés. Ils les élurent en nombre double des députés du clergé et de la noblesse, en vertu de la décision royale du 27 décembre 1788 qui attribuait au Tiers une double représentation[1]. Il y eut en tout douze cents députés environ (1196) dont près de six cents (578) du Tiers. Sa représentation était en réalité beaucoup plus forte parce que sur les trois cents (291) députés du Clergé, il y avait plus de deux cents (208) curés ou moines, tous roturiers d'origine et très disposés à s'entendre avec le Tiers contre les privilégiés.

**LES CAHIERS**

En même temps qu'on procédait aux élections, les électeurs de chaque ordre dans chaque paroisse ou dans chaque bailliage, rédigeaient conformément à la tradition constante des États Généraux, les *cahiers*, c'est-à-dire l'exposé de leurs doléances et de leurs vœux. Ces cahiers, au nombre de cinquante mille environ, résumaient les volontés des trois ordres. Dans plusieurs bailliages les trois ordres s'étaient réunis pour rédiger un seul et commun cahier.

Les trois ordres étaient à peu près unanimes sur les points suivants :

Ils attribuaient tous les maux de la Nation — nous disons aujourd'hui le Pays — « au pouvoir arbitraire » du roi. Ils concluaient donc à la nécessité de « le resserrer dans de justes bornes » en établissant une ***Constitution*** qui définirait « les droits du roi et de la Nation » et serait désormais « la règle invariable de toutes les parties de l'administration et de l'ordre public ». Sur ce point la volonté générale était si formelle que la plupart des électeurs, nobles, prêtres ou roturiers, interdisaient à leurs députés d'accorder un subside quelconque au roi, jusqu'à ce que les principes de la Constitution fussent établis et promulgués.

Cette constitution devrait garantir à tous les Français *la liberté individuelle, la liberté de penser et d'écrire* : il n'y aurait plus ni lettres de cachet ni censure.

1. Voir les *Temps Modernes*, page 518.

Les États Généraux seraient désormais *régulièrement convoqués*. Ils participeraient à la *confection des lois*. Ils *voteraient les impôts* que le roi ne pourrait lever sans leur consentement. Ces impôts seraient *payés par tous*; le Clergé et la Noblesse presque unanimement renonçaient à toute exemption et demandaient que les impôts fussent répartis proportionnellement aux facultés de chacun. Par contre le Tiers État admettait le maintien de la noblesse avec ses « droits, honneurs, prééminences ».

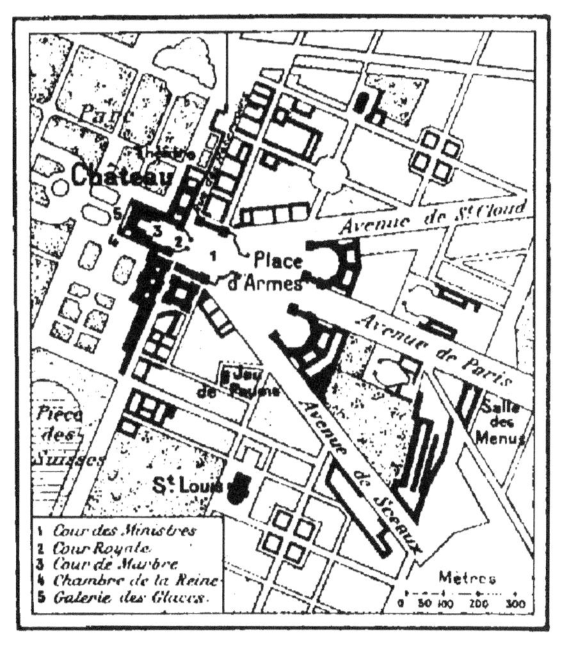


FRAGMENT DU PLAN DE VERSAILLES EN 1789.
Le Château. — La salle des Menus. — Le jeu de Paume.

Toutes ces volontés étaient exprimées avec une grande modération. Les électeurs recommandaient l'étroite union des trois ordres; ils demandaient que l'on agît « avec une extrême prudence, par des mouvements très continus, mais très lents, et des formes très régulières. » *Il n'y avait pas la moindre pensée de révolution violente*. Le Tiers État qui demandait la suppression des droits féodaux, admettait même que cette réforme ne fût pas immédiate.

Toute la France ressentait et exprimait un amour profond pour Louis XVI, une reconnaissance ardente pour la convocation des États : « Il ne craint pas, étant notre roi, disait le Tiers du Pas-de-Calais, de se baisser jusqu'au point de nous servir de père ». On avait l'espérance que tous les maux allaient finir, que le bonheur universel était proche : « Le naufrage est passé, disaient les cahiers d'Auxerre, *et nous arrivons dans une terre qui présente l'image du Paradis* ».

LE ROI

Cet amour pour le roi, ces espérances en l'avenir provenaient de ce que Necker avait fait publier avant les élections un compte rendu des décisions prises au Conseil d'État le 27 décembre 1788, dans cette même séance où la double représentation avait été accordée au Tiers. D'après ce compte rendu, le roi acceptait la réunion périodique des États Généraux, le vote par ces États des dépenses et des impôts rendus égaux pour tous, une réforme de l'administration, des garanties de la liberté individuelle, etc. C'était là précisément l'essentiel des vœux de la nation, et puisqu'il y avait ainsi accord entre le roi et son peuple, tout faisait prévoir une révolution facile et pacifique.

Elle eût pu être telle avec un roi d'un autre caractère. Louis XVI avait trente-cinq ans. Au moral il était resté tel qu'à son avènement, honnête, bon, ayant le désir du bien. Mais l'intelligence médiocre ne s'était pas développée. Les excès de table au retour de la chasse, — son unique passion, — les repas « si immodérés, écrivait l'ambassadeur d'Autriche, qu'ils occasionnent des absences de raison », avaient épaissi le corps et l'esprit. La volonté dont il avait toujours manqué, était devenu de plus en plus incertaine. « Pour vous faire une idée de son caractère, disait le comte d'Artois, son frère, imaginez des boules d'ivoire huilées, que vous vous efforceriez vainement de retenir ensemble. » Il subissait toutes les influences, changeait d'avis en changeant d'interlocuteur; libéral et partisan des réformes sous l'influence de Necker, il était autoritaire et adversaire déterminé de tout changement sous l'influence de la reine Marie-Antoinette, qui élevée dans les doctrines absolutistes, devait naturellement considérer les réformateurs comme des factieux; sous l'influence du comte d'Artois, une nullité brouillonne, et de la majorité des gens de cour à qui profitaient les abus.

Ce fut de cette faiblesse de caractère que vint tout le mal. Cette impuissance à choisir un parti et à s'y tenir, qui faisait dire à un député du Tiers : « Le roi a passé sa vie à dire le soir qu'il avait eu tort le matin », ces perpétuelles oscillations de la volonté, éveillèrent les méfiances, firent prendre Louis XVI pour un hypocrite et un perfide, détachèrent de lui la masse de la nation et finirent, selon la terrible prédiction de Turgot en 1776, par placer sa tête comme celle de Charles I^er sur un billot[1].

1. Voir les *Temps Modernes*, page 214.

PALAIS DE VERSAILLES. — FAÇADE SUR LA VILLE.

D'après la photographie d'une gravure anonyme du dix-septième siècle. — Bibliothèque nationale.

*La façade actuelle du Palais de Versailles, très différente de celle-ci, date du règne de Louis-Philippe* (1830-1848). *Cette gravure, bien que datant du règne de Louis XIV, donne une représentation exacte du Palais au temps de Louis XVI. Au centre, derrière la seconde grille aujourd'hui détruite, la* Cour de Marbre *sur laquelle donnait la chambre de Louis XIV. Ce sont ces cours que le peuple envahit le 23 juin, les* 5 *et* 6 *octobre.* *Voir la façade sur le parc.* Temps Modernes, *page 32[illegible].*

**L'OUVERTURE DES ÉTATS GÉNÉRAUX**

Au moment où allaient se réunir les États Généraux, Louis XVI était retombé sous l'influence de Marie-Antoinette et du comte d'Artois. Quand le 3 mai on lui présenta les députés du Tiers, il ne trouva pas un mot à leur adresser.

Le 6 mai 1789, dans la grande salle de l'hôtel des Menus, il procéda solennellement à l'ouverture des États. Dans son discours très bref et qu'il prononça d'une voix dure et brusque, il annonça que les États étaient réunis pour rétablir l'ordre dans les finances. Il ajouta qu'il connaissait son autorité et qu'il la maintiendrait; il engagea les députés à se défendre du goût des nouveautés. *Il ne dit pas un mot de ce qui était le souci de tous, la rédaction de la Constitution.* Par ordre, Necker n'en parla pas davantage et se borna pendant trois heures à exposer la question financière. Ce fut une immense déception parmi les députés, le commencement de la rupture entre le Tiers et le roi. D'autre part la cour affectait des airs impertinents avec les députés du Tiers, qui se répétaient des mots comme celui-ci, attribué à tort au duc de Liancourt, grand-maître de la garde robe : « Allons voir quelle figure font ces animaux dont nous allons être si longtemps infestés. » Ce fut le commencement de la rupture entre le Tiers et la Noblesse. « *Voilà la bataille engagée*, écrivait le soir même un député. Tout annonce que les États seront orageux, soit du Tiers aux deux ordres, soit avec la cour. »

**L'ASSEMBLÉE NATIONALE**

Le conflit entre les ordres commença dès le lendemain, 6 mai, à propos de la vérification des pouvoirs, c'est-à-dire à propos de l'examen des conditions dans lesquelles chaque député avait été élu. Les députés du Tiers proposèrent que la vérification se fît en commun, et invitèrent les députés de la Noblesse et du Clergé qui siégeaient en des salles séparées, à venir les joindre dans la grande salle des Menus. Les députés de la Noblesse, à la majorité, déclinèrent l'invitation; ceux du Clergé ne firent pas de réponse nette et s'offrirent comme conciliateurs.

L'adoption ou le rejet de la vérification en commun avait une grande importance. La vérification en commun entraînait, en effet, l'abandon du système des classes, le vote par tête et non par ordre, par suite la prépondérance du Tiers dans les débats, puisqu'il avait à lui seul autant de députés que les deux autres ordres réunis. Ce ne fut cependant pas la crainte

LA SALLE DES MENUS-PLAISIRS. — Photographie d'une gravure de MONNET (1732-1809 ?) gravée par HELMAN (1743-1806).
*Cette salle où la Constituante siégea jusqu'au 19 octobre 1789, avait été édifiée en 1787 pour l'Assemblée des Notables, dans la cour de l'hôtel des Menus-Plaisirs — le magasin du matériel des fêtes royales —. Elle mesurait 57 mètres sur 20 et fut détruite en 1790. Les tribunes du public étaient derrière la colonnade. La gravure représente la séance de la nuit du 4 août. Les privilégiés montent au bureau du président pour faire abandon de leurs privilèges. A gauche, en face du bureau, la tribune. Monnet, peintre du roi, dessina, Helman grava une suite célèbre des* Principales journées de la révolution.

de la prépondérance du Tiers qui dicta le refus de la Noblesse : ses cahiers même lui imposaient la délibération en commun et le vote par tête dans toutes les affaires graves et spécialement en matière de finances. Mais elle se refusa à la vérification des pouvoirs en commun par vanité.

Une commission de conciliation travailla vainement pendant plus d'un mois. A partir du 10 juin, le Tiers, estimant que les affaires de l'État ne pouvaient demeurer plus longtemps en souffrance et qu'il était temps de travailler, procéda seul aux vérifications. Quelques députés du Clergé vinrent se joindre à lui. Le mercredi 17 juin, sur la proposition de l'abbé *Sieyès*, les députés du Tiers, considérant qu'ils représentaient les quatre-vingt-seize centièmes de la nation, se déclarèrent constitués en *Assemblée Nationale.*

Faisant aussitôt acte d'autorité, l'Assemblée déclara qu'elle autorisait la perception provisoire des impôts existants jusqu'à sa séparation. Toute perception ultérieure était à l'avance interdite à défaut d'un vote exprès de l'Assemblée. *Le premier acte révolutionnaire était accompli*; c'était le premier échec à la toute-puissance royale. Cette toute-puissance était désormais abolie en un point essentiel, les finances, où plus rien ne pourrait être fait à l'avenir sans le consentement de la Nation.

**CONFLIT DU ROI ET DE L'ASSEMBLÉE**

A ce qu'il considérait comme un attentat sur ses droits, Louis XVI, poussé par la cour et contre l'avis de Necker, décida de riposter par un coup d'autorité. Trois jours après la constitution de l'Assemblée Nationale, le samedi 20 juin, les députés trouvèrent la salle des Menus gardée par la troupe et fermée sous prétexte d'aménagements nécessités par une prochaine séance royale. Les députés se réunirent aussitôt dans une salle de jeu de paume, proche du palais[1]. Là, sous la présidence de Bailly, ils prêtèrent le serment solennel « de ne jamais se séparer et de se rassembler partout où les circonstances l'exigeraient, jusqu'à ce que la constitution du royaume fût établie ». Le surlendemain la majorité des députés du Clergé vint siéger à l'Assemblée Nationale.

Le mardi 23, à la séance royale, Louis XVI annonça d'une voix altérée qu'il annulait les décisions prises par les députés le 17 et leur ordonna de se retirer aussitôt la séance terminée : ils

1. Voir le plan de Versailles, ci-dessus, page 29.

LE SERMENT DU JEU DE PAUME A VERSAILLES. — Photographie du tableau de DAVID (1748-1825) au Louvre.

*David, un de nos grands peintres, qui fut député à la Convention, exposa l'esquisse de ce tableau au Salon de 1791. Le tableau lui fut alors commandé par l'État. David ne peignit que les têtes qui sont des portraits. La Salle du Jeu de Paume est aujourd'hui un musée.*

LE CENTRE DE PARIS AU DIX-HUITIÈME SIÈCLE.

Photographie d'un plan conservé au Musée Carnavalet.

*Ce plan date du règne de Louis XV, et fut dressé avant l'établissement de la place Louis XV — la place de la Concorde — qui occuperait le bas de la gravure en avant du jardin des Tuileries. La vue est prise de l'ouest, la Seine venant de l'est — le haut de la gravure — comme dans le plan topographique de la page suivante. A gauche du pont Royal, les* Tuileries, *alors séparées du* Louvre *par un quartier et quatre rues. Dans l'île, dite* la Cité, *en avant le* Palais de justice, *puis en arrière* Notre-Dame. *A hauteur de Notre-Dame, à gauche sur la rive, la* place de Grève *et l'*Hôtel de ville. *Plus haut, au bout de la* rue Saint-Antoine, *près des fortifications,* la Bastille. *Au delà le faubourg Saint-Antoine.*

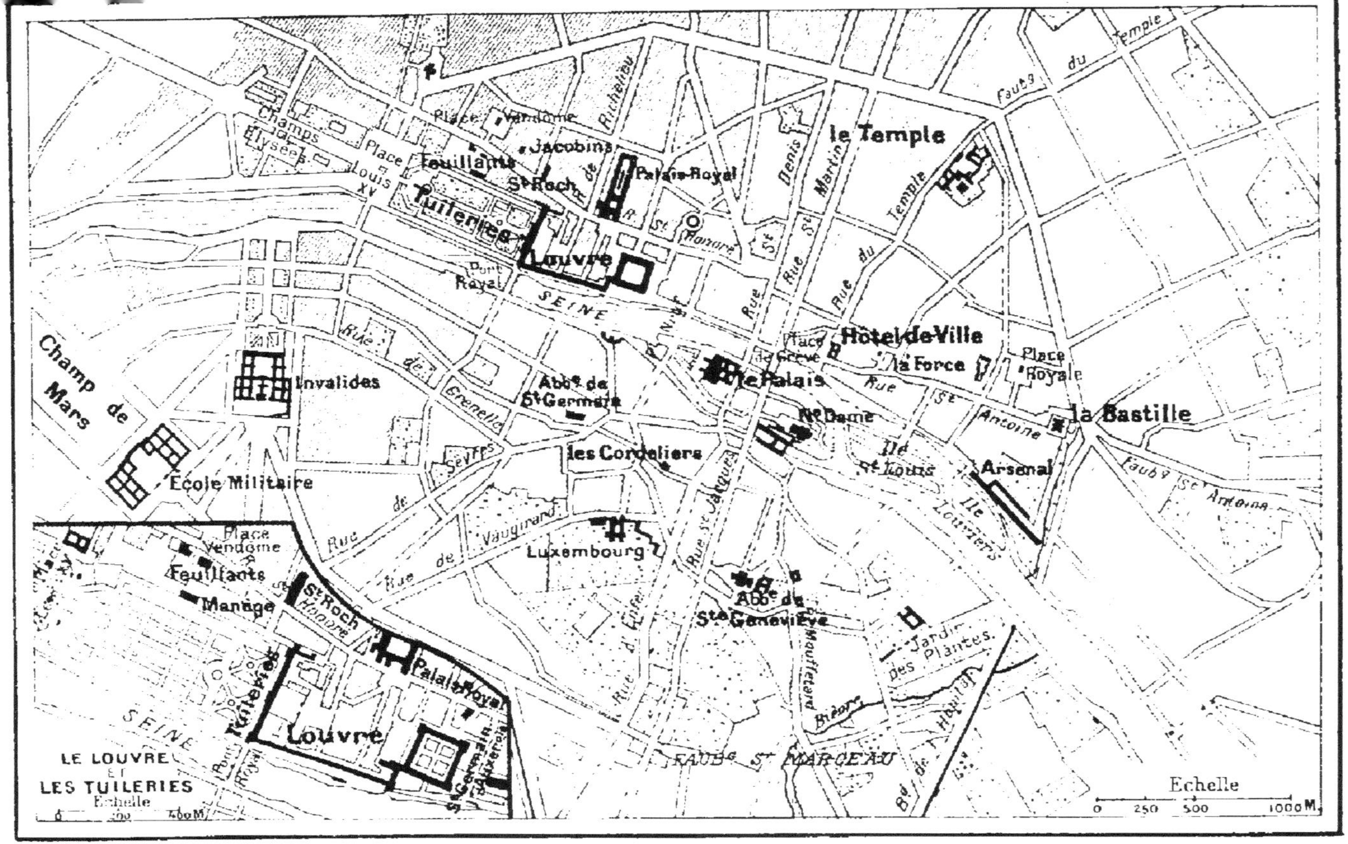

Paris en 1789.

devraient, à partir du lendemain, siéger en trois chambres distinctes.

Le roi pensait intimider : il ne fit qu'irriter : « Jamais le despotisme ne s'expliqua en termes plus audacieux, disait un député : jamais esclaves ne s'entendirent donner des ordres plus impérieux. »

Le roi parti, les députés du Tiers et une partie des députés du Clergé demeurèrent à leur place. Le grand maître des cérémonies, le marquis de Dreux-Brezé, s'approcha : « Vous avez entendu, Messieurs, l'ordre du roi », dit-il en s'adressant à Bailly, président de l'Assemblée. « Il me semble que la Nation assemblée ne peut pas recevoir d'ordres », répondit Bailly. Un noble, que son ordre avait repoussé et que le Tiers d'Aix avait élu député, le comte de Mirabeau, intervenant à son tour : « Allez dire à votre maître que nous sommes ici par la volonté du peuple et qu'on ne nous en arrachera que par la force des baïonnettes. » Quelques instants après, sur la proposition du même Mirabeau, l'Assemblée proclamait ses membres inviolables et déclarait, « infâme et traître à la Nation » quiconque, pendant ou après la session, essaierait d'agir contre les députés.

Le roi n'essaya pas d'agir. C'est que le peuple de Versailles, sitôt le détail de la séance connu, avait envahi les cours du Palais et que la garde, les gardes-françaises en particulier, n'avait rien fait pour l'arrêter. Quelques soldats disaient même tout haut : « Vive le Tiers ! Nous sommes la troupe de la Nation ! » On ne pouvait donc compter sur eux. Aussi quand on rapporta à Louis XVI le refus des députés de se retirer. « Eh bien ! répondit-il. s'ils ne veulent pas s'en aller. qu'ils restent ! »

**LA CONSTITUANTE**

Quatre jours plus tard, le samedi 27 juin, les députés de la Noblesse et les dissidents du Clergé venaient, sur l'expresse invitation du roi, se joindre à l'Assemblée Nationale. Dès lors, *la révolution politique était accomplie*. Le roi lui-même reconnaissait l'existence d'un second pouvoir, l'Assemblée, représentant le peuple : il n'y avait plus en France de monarchie absolue.

Il restait à régler l'organisation de la monarchie nouvelle. Le 8 juillet, l'Assemblée se mettant à l'œuvre, nommait un Comité de Constitution chargé de préparer la loi future. Le 9, elle prenait le nom ***d'Assemblée constituante***.

**INTERVENTION DU PEUPLE DE PARIS**

A cette date l'Assemblée était de nouveau en péril et le savait. Le comte d'Artois, la reine, son entourage, tous ceux que l'ambassadeur d'Autriche appelait « la cabale infernale » avaient déterminé Louis XVI à tenter un coup d'état militaire. Depuis le 30 juin, les troupes — surtout des régiments étrangers, les régiments français ne paraissant pas sûrs, — ne cessaient d'affluer et vingt-cinq mille hommes se concentraient autour de Versailles. On parlait de

LE PALAIS-ROYAL AU TEMPS DE LA RÉVOLUTION.

D'après une gravure de LESPINASSE (1734-1808). — Musée Carnavalet.

*De la gravure de Lespinasse, datée de 1791, on n'a reproduit ici que la partie architecturale. Le jardin du Palais-Royal, ouvert au public, appartenait au duc d'Orléans qui le fit entourer sur trois côtés de bâtiments, ayant au rez-de-chaussée des galeries servant de promenoir, et formant comme un immense cloître. La galerie d'Orléans, qui ferme aujourd'hui le quatrième côté, n'existait pas encore : on voit la construction amorcée à droite. Au centre, une salle de fêtes. Le jardin du Palais-Royal, long de plus de 200 mètres, large de près de 100 mètres, fut pendant toute la Révolution un vrai club en plein air, le foyer principal de l'agitation parisienne. C'est là que commencèrent la plupart des grandes manifestations et qu'en particulier, un jeune avocat,* Camille Desmoulins, *le 12 juillet 1789, monté sur une table, appela le peuple aux armes, à la nouvelle du renvoi de Necker. Le peintre Lespinasse est surtout connu par des* Vues de Paris.

l'arrestation de soixante députés et de la dissolution de l'Assemblée. Celle-ci ayant demandé, le 8 juillet, le retrait des troupes, le roi répondit, le 10, par un refus hautain. Le lendemain il renvoyait Necker et nommait ministre de la guerre le maréchal de Broglie, réputé « l'un des hommes les plus durs et les plus esclaves », prêt à « donner et à faire exécuter les ordres les plus sanguinaires ».

*L'intervention du peuple de Paris sauva l'Assemblée et assura le triomphe de la Révolution.*

A Paris, où la population était déjà agitée par la crainte de la disette, la nouvelle du renvoi de Necker, connue dans la soirée du 11, causa la plus violente émotion. Le peuple fit immédiatement fermer les théâtres. Le Palais-Royal qui avec ses jardins, ses galeries, ses cafés était, comme aujourd'hui les boulevards, le rendez-vous de tout Paris, se transforma en un immense club. Les bruits les plus fantastiques y trouvaient créance : on racontait que la reine avait fait passer plusieurs centaines de millions en Autriche et qu'elle avait demandé à son frère, l'Empereur, le secours d'une armée impériale. Des gens montés sur des chaises haranguaient la foule, l'appelaient à la défense de la liberté. On commença à piller les boutiques des armuriers.

Le dimanche 12, dans l'après-midi, l'agitation tourna à l'émeute. Une charge d'un régiment de cavalerie allemande au jardin des Tuileries, où les promeneurs étaient nombreux, exaspéra la population et l'émeute devint insurrection. Le 13, tandis que le tocsin sonnait à toutes les églises, tandis que des bandes armées d'épées, de hallebardes, de pistolets, de broches, de marteaux, etc., parcouraient les rues, réclamant des fusils, ceux des Parisiens qui étaient électeurs se réunissaient à l'Hôtel de Ville. Ils y constituaient une *Commission permanente*, véritable gouvernement municipal, chargé d'assurer l'approvisionnement de la ville et d'organiser pour le maintien de l'ordre et la défense de Paris une milice civique. Cette milice en quelques heures comptait douze mille hommes « des meilleurs citoyens de la ville », nobles, bourgeois, financiers, prêtres même : c'étaient les premiers éléments de la *garde nationale.*

**PRISE DE LA BASTILLE**

Le mardi 14, dans la matinée, une bande découvrit, à l'Hôtel des Invalides, 28 000 fusils qu'elle enleva ainsi que des canons. Une seconde bande se porta à l'autre extrémité de Paris sur la Bastille où elle pensait se faire également remettre des armes[1]. Elle aperçut les canons de la vieille citadelle braqués sur la ville. Vers midi, dans des conditions mal connues, la fusillade fut ouverte de la Bastille sur la foule qui aussitôt se rua à l'attaque. Au bout de quatre heures d'un combat où les assaillants eurent environ deux cents hommes

1. Voir, ci-dessus, les plans de Paris, pages 36 et 37.

tués ou blessés, la faible garnison de la Bastille près d'être forcée capitula.

La capitulation de la Bastille fut aussitôt suivie de la capitu-

LA BASTILLE.

Fac-similé d'une gravure de PRIEUR représentant l'attaque de la Bastille. Bibliothèque nationale.

*La Bastille avait été construite à la fin du Moyen Age, sous Charles V, pendant la guerre de Cent Ans, de 1370 à 1382, pour être la citadelle de Paris à l'est — voir le plan, page 37. — A partir de la Fronde et du règne de Louis XIV la citadelle fut transformée en prison d'État. On n'y enfermait guère que les prisonniers de marque, internés sans jugement en vertu de lettres de cachet. Aussi apparaissait-elle au peuple comme le symbole de l'arbitraire. Le 14 juillet 1789, on y trouva sept prisonniers dont un idiot, un détenu sur la demande de sa famille, quatre accusés de faux. Les cachots remplis d'instruments de torture, représentés dans certaines gravures devenues populaires, n'existaient que dans l'imagination des dessinateurs. Les huit cachots souterrains ne servaient plus depuis 1772. La Bastille comprenait huit tours à peu près disposées en carré, hautes de 23 mètres environ — la hauteur de nos maisons à sept étages. L'épaisseur des murs variait de 1 m. 60 à 2 m. 30. On entrait par la rue Saint-Antoine. La gravure représente les assaillants, parmi lesquels beaucoup de grenadiers des gardes-françaises, passant le premier pont-levis. On démolit une maison qui gêne pour l'attaque. Le peuple commença à démolir la Bastille elle-même, aussitôt qu'il l'eut occupée. La destruction fut achevée pour le 14 juillet 1790 et l'on dansa ce jour-là sur l'emplacement de la citadelle.*

lation du roi. Elle fut complète. Le 15, il venait lui-même annoncer la dislocation des troupes, aux députés qui siégeaient en permanence depuis le 13, dormant la nuit sur leurs bancs ou sur le plancher. Le 16, il rappelait Necker. Le 17, il se rendait à Paris à l'Hôtel de Ville : il sanctionnait par sa présence les faits accomplis. Reçu par Bailly, chef de la municipalité révolutionnaire, il recevait des mains de La Fayette, commandant en chef de la garde nationale, une cocarde nouvelle, bleue, blanche et rouge, faite des couleurs de Paris et du Roi, symbole de la France transformée.

**CONSÉQUENCES DES 13 ET 14 JUILLET**

Les événements des 13 et 14 juillet eurent les plus importantes conséquences. D'abord ils firent surgir à côté des deux pouvoirs légaux, le Roi et l'Assemblée, une *troisième puissance, le peuple de Paris*. Le peuple, armé pour sauver l'Assemblée, *demeura armé après la victoire*, et ce fut là *le fait capital* : Paris put ainsi quelques mois plus tard dominer le Roi et l'Assemblée.

D'autre part la chute de la Bastille ébranla la France entière : ce fut comme le signe visible de l'effondrement du régime absolu. Aussitôt nombre de villes imitèrent Paris, organisèrent des comités permanents, des municipalités qui substituèrent leur autorité à celle des intendants ou de leurs sub-délégués, organisèrent des gardes nationales, et ressuscitèrent le gouvernement communal du Moyen Age.

En même temps une terreur panique dont les origines sont encore mystérieuses, « la *Grande Peur* » entre le 27 juillet et le 1er août, secoua la plus grande partie du pays, les campagnes et les villes. La nouvelle volait de villes à villages, de bourgs à hameaux que les « Brigands » — quatre mille Brigands, disait-on à Soissons — accouraient saccageant tout sur leur passage. Paysans et bourgeois s'armèrent en hâte. La peur passée, ils restèrent en armes comme le peuple de Paris. Les paysans en profitèrent pour se jeter sur les châteaux, *sans haine contre les propriétaires*, uniquement pour se faire livrer et pour brûler les documents qui établissaient les droits des seigneurs aux redevances féodales. Il y eut alors une jacquerie analogue aux jacqueries récentes de la Russie : les paysans brûlaient les châteaux, persuadés sur beaucoup de points qu'ils travaillaient ainsi pour le bien du roi, comme le paysan russe brûlant les usines croit travailler pour le bien du tsar. *Tout cela se produisit en quelques jours*, dans la dernière semaine de juillet.

**LA NUIT DU 4 AOUT**

Les désordres des provinces réagirent à leur tour sur l'Assemblée et précipitèrent l'achèvement de la révolution légale. Le 4 août au soir, comme l'Assemblée examinait les moyens de mettre un terme aux troubles signalés de partout, un député noble, le vicomte de Noailles, déclara que la crise ayant pour cause unique les droits seigneuriaux, « restes odieux de la féodalité », le remède certain était de supprimer les uns et de déclarer les autres rachetables. La proposition fut accueillie avec enthousiasme. Jusqu'à deux heures du matin, au milieu des larmes, des embrassements, des applaudissements, les députés, dans une sorte de délire de désintéressement, votèrent la suppression des droits féodaux, des justices seigneuriales, du droit de chasse, le rachat des dîmes et des banalités, l'abolition des jurandes et des maîtrises, des privilèges des provinces, des privilèges des individus, de la vénalité des offices, l'établissement d'une justice gratuite, l'admissibilité de tous les Français à tous les emplois. *On avait en six heures complété la révolution politique par une révolution sociale*, en libérant le paysan des charges qui grevaient sa propriété, en abolissant les distinctions de classe, en proclamant l'égalité entre tous les Français.

**LES JOURNÉES D'OCTOBRE**

Le rappel de Necker, la révolution du 4 août avaient valu à Louis XVI un renouveau de popularité : l'Assemblée lui avait décerné le titre de « *rénovateur de la liberté française* ». Il ne sut pas profiter de cette popularité. Bien plus, de nouvelles fautes, commises sous les mêmes influences, la ruinèrent et provoquèrent, au début d'octobre 1789, une dernière crise où furent anéantis définitivement les restes de la puissance royale.

Les résolutions prises par l'Assemblée dans la nuit du 4 août devaient, pour avoir force légale, être ratifiées et promulguées par le roi. A la fin de septembre le roi, circonvenu par son entourage, n'avait rien ratifié, rien promulgué. Cette attente de deux mois avait énervé l'Assemblée et Paris. L'énervement était accru par la discussion des articles de la Constitution que l'Assemblée achevait de rédiger ; par l'arrivée de deux régiments à Versailles ; par la situation financière, la crainte de la banqueroute ; par les excitations de meneurs dont le rôle est certain, mais encore mal connu, et qui agissaient soit pour le compte de l'Angleterre, se vengeant ainsi du secours fourni dix ans plus tôt aux Insurgents d'Amérique[1]; soit pour le duc d'Orléans, cousin du roi, dont l'ambition aurait été de renverser Louis XVI et de substituer à la dynastie de Bourbon, la dynastie d'Orléans. Mais la principale cause d'excitation était la rareté des vivres et une terreur de la disette qui, au témoignage de l'ambassadeur d'Autriche, « approchait du désespoir ». « On ne rencontre, disait un autre diplomate, que des visages pâlis et des mines allongées. — On se bat aux portes des boulangeries », écrivait-il le dimanche 4 octobre.

Ce jour-là on commença de connaître à Paris les détails d'un banquet offert au palais de Versailles dans la salle du théâtre, le 1er octobre, par les gardes du corps aux régiments nouvellement arrivés. On racontait que la cocarde tricolore avait été foulée aux pieds, que des menaces avaient été proférées contre l'Assemblée, que la reine avait encouragé de sa présence ces manifestations injurieuses pour la Nation.

Le lundi 5, dans la matinée, une bande de sept ou huit mille femmes en armes et traînant des canons se mettait en route pour Versailles. Elles allaient, disaient-elles, chercher du pain. Elles furent suivies par des milliers d'hommes, ouvriers sans travail, pour la plupart, mêlés d'individus sans aveu, puis par la garde nationale. A six heures l'Assemblée était envahie et les abords du palais bloqués. La foule bivouaqua la nuit sur la place d'armes et dans les larges avenues qui y conduisent. Au matin les grilles du palais furent forcées, des gardes du corps furent tués, et des émeutiers pénétrèrent jusqu'à la porte de la chambre de la reine qui dut s'enfuir dans l'appartement du roi[2]. Le 6 au matin, le roi pour apaiser les troubles, décida de se rendre à Paris. A deux heures il quitta le château de Versailles avec toute la famille royale, huit personnes enfermées dans une seule voiture qui s'en allait au pas, enveloppée de la foule où des bandits portaient au bout de leurs piques les têtes des gardes du corps tués dans la nuit. A onze heures Louis XVI était aux Tuileries.

Deux semaines plus tard, le lundi 19 octobre, l'Assemblée venait rejoindre le roi à Paris et s'établissait dans la salle du *Manège* sur une des terrasses du jardin des Tuileries, proche de l'emplacement actuel de la rue de Rivoli[3].

1. Voir les *Temps Modernes*, page 480.
2. Voir, ci-dessus, le plan de Versailles et la vue du Palais, pages 29 et 31.
3. Voir, ci-dessus, le plan du Louvre et des Tuileries, page 37.

LA MARCHE DES FEMMES SUR VERSAILLES, LE 5 OCTOBRE 1789.
Photographie d'une eau-forte anonyme grossièrement coloriée.
Bibliothèque nationale.

*Cette eau-forte très vivante, dont on ne reproduit que la partie centrale, donne d'intéressants renseignements sur le costume féminin populaire en 1789; il était à peu près le même qu'aujourd'hui. Rapprocher les costumes élégants, page 10. — Les femmes, en robes jaunes, roses, vertes, rouges, que la disette met en route et qui vont chercher à Versailles « le boulanger, la boulangère et le petit mitron » — le roi, la reine et le dauphin. — ont un amusant armement : canon tiré à la bricole, fusils, épées, sabres, lances, haches, tridents, massues. Une légende manuscrite au bas de la gravure indique ainsi le sujet : « Femes parisienes de la hale et autres qui se rencontrent a leur départ du lundi pour ramener avec eux du pain et le roy. »*

**LE PEUPLE ET L'ASSEMBLÉE**

**A** *la suite des journées d'octobre, le roi et l'Assemblée, les deux pouvoirs légaux, se trouvèrent les prisonniers du peuple de Paris.* Ce fut ce peuple qui désormais dirigea la révolution; il imposa aux représentants de la France ses volontés particulières, ou mieux les volontés que lui suggérèrent un certain nombre de meneurs.

Son action s'exerça directement sur l'Assemblée au cours même des séances. Déjà à Versailles les débats étaient suivis avec passion : une foule en général élégante et où les femmes dominaient, comme aujourd'hui aux grandes séances de nos Chambres, remplissait constamment les mille ou douze cents places des tribunes. Il n'était pas rare qu'elle intervînt dans les discussions. Ainsi le 16 juin, quand Sieyès proposait au Tiers de se proclamer Assemblée Nationale, certains députés demandant l'ajournement au lendemain, le public des tribunes les hua, les appela traîtres et mauvais citoyens et leur cria de quitter la salle. A Paris le peuple suivit avec plus de passion encore les travaux de la Constituante. Les milliers d'oisifs volontaires ou forcés, qui ne pouvaient trouver place dans les tribunes du Manège, se pressaient autour de la salle, discutaient au dehors la question que les députés discutaient au dedans. Un diplomate étranger, en mai 1790, décrivait ainsi l'attitude de la foule pendant la discussion sur l'attribution du droit de paix et de guerre au roi ou à l'Assemblée : « Des gens qui avaient les yeux hagards, des mines allongées et bleuies par la colère et qui bavaient de rage, couraient de cercle en cercle en s'écriant : « Ah ! que vous « êtes des poules mouillées ! Si l'Assemblée favorise le roi, il faut « crier tout de suite aux armes.... Que l'Assemblée prenne garde à « elle, nous mettrons tout Paris à feu et à sang plutôt que de souf« frir que la Nation soit privée de ses droits.... » D'autres, apostés aux fenêtres de la salle, réglaient pour ainsi dire les mouvements de la multitude sur les incidents de la séance, et commandaient selon les besoins les applaudissements ou les huées. La voix du peuple retentissait ainsi jusque dans l'Assemblée. Plus tard, au temps de l'Assemblée Législative et de la Convention, sous prétexte de pétitions à présenter, le peuple entra dans l'Assemblée même en longs cortèges, et quand l'Assemblée fit mine de résister, le peuple dicta ses ordres les armes à la main.

**LA FÉDÉRATION**

Tandis que l'Assemblée poursuivait à Paris la rédaction de la Constitution, en province et par l'initiative des provinces se préparait l'un des événements capitaux de la Révolution, la ***Fédération***.

La Fédération fut une conséquence de la formation des municipalités, des gardes nationales et de la Grande Peur. Après s'être donné, comme la plupart des villes et des villages, un gouvernement particulier et s'être armés pour résister aux attaques de bri-

LA FÉDÉRATION, 14 JUILLET 1790. — Photographie de la gravure de HELMAN d'après le dessin de MONNET.

*Le 14 juillet 1790, à la fête de la Fédération, l'unité de la France a été reconstituée par la volonté libre des habitants. — Le Champ de Mars, et ses tribunes où se tenaient 200 000 personnes. A droite la tribune royale ornée de draperies tricolores. Au centre l'autel de la patrie où la messe vient d'être célébrée. La Fayette prête le serment répété par les gardes nationaux et les spectateurs. Au fond un arc de triomphe; la fumée des canons qui tirent au bord de la Seine. Sur la hauteur qu'occupe actuellement le Trocadéro, une église.*

grands imaginaires, plusieurs villes et villages du Dauphiné songèrent à s'entendre pour s'assurer un mutuel secours au cas où la liberté commune serait mise en péril. Les *patriotes* — c'était le nom que l'on donnait aux partisans de la Révolution — se réunirent à *Étoile* près de Valence, le 29 novembre 1789. Ils « fraternisèrent » et se jurèrent « de rester à jamais unis, de protéger la circulation des subsistances et de soutenir les lois émanées de l'Assemblée Constituante ». Ce fut la première *Fédération*.

L'exemple des patriotes Dauphinois fut imité de proche en proche, et bientôt par toute la France il se forma des fédérations dans les provinces et entre provinces. Ce fut un mouvement analogue à celui qui au seizième siècle, sous Henri III, pendant les guerres de religion, aboutit à la formation de la Ligue[1]. Toutes les fédérations locales vinrent se fondre en une fédération nationale à Paris, le 14 juillet 1790. La cérémonie eut lieu au *Champ de Mars*, transformé en sept jours, par le travail de la population parisienne tout entière, en un colossal amphithéâtre où deux cent mille personnes trouvèrent place. Toutes les parties de la France envoyèrent des députés élus parmi les gardes nationaux. Il en vint quatorze mille. Ils assistèrent en armes à une messe solennelle célébrée sur l'autel de la Patrie, élevé au centre du Champ de Mars. Puis La Fayette, choisi par eux pour les représenter, prêta en leur nom à l'autel le serment d'être à jamais fidèle à la Nation, à la Loi et au Roi, et de maintenir la constitution décrétée par l'Assemblée Nationale.

Dans cette cérémonie les fédérés n'avaient pas seulement, en prêtant serment à la Constitution, ratifié au nom de la France l'œuvre révolutionnaire de l'Assemblée Nationale. En jurant fidélité éternelle à la Nation *ils avaient reconstitué la France*. Avant le 14 juillet 1790, c'était la politique des rois, les mariages, des successions, des achats, la conquête, des traités qui au cours des siècles avaient constitué le royaume. Metz, l'Alsace, Strasbourg, la Lorraine, comme la Normandie, la Champagne, le Languedoc, la Corse, etc., étaient françaises par la volonté et les efforts des rois Capétiens, des Valois, des Bourbons qui les avaient acquises. A dater du 14 juillet 1790, Metz, l'Alsace, Strasbourg, la Lorraine, toutes les villes, toutes les provinces du royaume *furent françaises par un acte de leur volonté libre, librement exprimée*. La France fut constituée par l'adhésion spontanée de

1. Voir les *Temps Modernes*, page 153.

ses habitants et les serments réciproques qu'ils se prêtèrent. Dès lors à dater du 14 juillet 1790, tout démembrement de la France auquel les démembrés n'ont pas donné leur assentiment est et demeure un attentat à la liberté humaine. Tout traité qui le stipule viole le droit et n'est qu'un acte provisoire, dont l'avenir doit assurer la revision. C'est parce que Metz, Strasbourg, l'Alsace et la Lorraine participèrent à la Fédération du 14 juillet 1790, y jurèrent qu'elles voulaient être françaises, et n'ont jamais rétracté leur serment, qu'il y a, depuis 1871 et le traité de Francfort, une question d'Alsace-Lorraine.

**LA FUITE DU ROI**

Après que La Fayette eut prononcé le serment des fédérés, le roi avait juré qu'il « maintiendrait de tout son pouvoir la constitution décrétée par l'Assemblée et acceptée par lui ». Le serment était probablement sincère, et Louis XVI se fût sans doute à la longue résigné au rôle de roi constitutionnel. Mais ses dispositions furent une fois de plus entièrement modifiées, cette fois, par une malheureuse intervention de l'Assemblée dans le domaine religieux et le vote d'une *constitution civile du Clergé* (12 juillet 1790). A cette constitution, on le verra[1], les Catholiques ne pouvaient se soumettre. Elle fut condamnée par le pape, repoussée par la majorité des prêtres qu'on appela des *réfractaires*, acceptée seulement par une minorité, les *constitutionnels*. Louis XVI, sincèrement catholique, se fût opposé tout net à la constitution s'il n'eût suivi que son sentiment. Mais sa faiblesse de caractère lui fit écouter ceux qui, par crainte d'un soulèvement, lui conseillèrent des concessions apparentes, une politique d'hypocrisie. Le roi ratifia la constitution. Mais pour ses devoirs religieux il ne voulut avoir aucun rapport avec les prêtres constitutionnels, les seuls auxquels, d'après une loi ultérieure, il fût permis d'officier. Cette attitude contradictoire surexcita la méfiance populaire. Le lundi 18 avril 1791, pour la fête de Pâques, comme Louis XVI se disposait à se rendre au château de Saint-Cloud afin d'y recevoir la communion des mains d'un prêtre réfractaire, le peuple envahit les cours des Tuileries, tint sa voiture bloquée pendant deux heures, le força à descendre et à renoncer à son voyage.

A dater de ce jour Louis XVI, blessé jusque dans sa conscience, considérant qu'il n'était plus libre, ne songea plus qu'à s'échap-

1. Voir ci-dessous, page 62.

per de sa prison et fut de nouveau tout entier sous l'influence de ceux qui lui conseillaient de tenter un recours à la force pour reconquérir son autorité. Déjà il négociait depuis plusieurs mois avec son beau-frère l'Empereur, afin que celui-ci amenât aux frontières des troupes dont les mouvements intimideraient, pensait-il, les révolutionnaires. D'autre part, une armée française sous le commandement du marquis de Bouillé était concentrée dans l'Est à Montmédy et à Metz.

Dans la nuit du lundi 20 au mardi 21 juin, Louis XVI déguisé en valet de chambre, s'échappait des Tuileries avec la famille royale. La lourde berline qui l'emportait était parvenue sans encombre vers huit heures du soir à Sainte-Menehould. Là, le fils du maître de poste Drouet reconnut Louis XVI. Il put, à travers champs, le devancer, donner l'alarme à *Varennes*, où la berline fut arrêtée vers minuit. Le roi, ramené à Paris comme un prisonnier, fut tenu sous bonne garde aux Tuileries et suspendu de ses pouvoirs par l'Assemblée qui décida d'assumer seule tout le gouvernement jusqu'à l'achèvement de ses travaux.

**CONSÉQUENCES DE LA FUITE DU ROI**

Peu d'événements eurent dans la Révolution des conséquences aussi graves que cette tentative de fuite. Par là les sentiments de fidélité à Louis XVI, restés jusqu'alors très vivaces, se trouvèrent à peu près ruinés : on ne put en effet conserver aucune illusion sur les dispositions réelles du roi, et sur la sincérité de ses serments. « Il faut être au milieu des Français, écrivait un diplomate étranger, pour concevoir leur indignation. En parlant de leur roi ils ne se servent que des mots de lâche, bête, etc. Le titre de roi n'est plus pour eux un titre sacré. La reine est traitée de même et pis encore, puisqu'on la regarde comme l'auteur de ce complot. »

Bien plus, l'attachement à ce qu'un député appelait « la sainte, la vénérable antiquité de la monarchie », la foi en la nécessité de la royauté, se trouvèrent ébranlés. Cette foi était cependant profonde, et personne en effet dans tout le dix-huitième siècle n'admettait qu'un grand pays comme la France pût avoir un autre gouvernement que la monarchie. La République ne semblait possible que dans un petit état, semblable aux états de la Grèce antique. Ceux même qui devaient être les plus violents adversaires de la royauté, Robespierre, Danton, Marat, étaient monarchistes avant l'aventure de Varennes. Mais pendant l'absence du roi, le gouvernement continua de fonctionner sans encombre. L'Assemblée sut assurer seule tous les services. Elle les assura encore quand elle eut suspendu le roi. Dès lors il parut évident qu'un roi n'était pas l'être indispensable qu'on imaginait. *La fuite à Varennes créa le parti républicain.*

**FUSILLADE DU CHAMP DE MARS**

Le parti républicain fut d'abord peu nombreux et ne se composa guère que de Parisiens. Mais il se montra dès le début énergique et prompt à l'action. Le 16 juillet 1791, une société politique, le *Club des Cordeliers*[1], invita par une pétition l'Assemblée à « convoquer un nouveau pouvoir constituant, pour procéder d'une manière vraiment nationale au jugement du coupable (Louis XVI) et surtout au remplacement et à l'organisation d'un nouveau pouvoir exécutif ». La pétition, le dimanche 17 juillet au matin, fut déposée au Champ de Mars sur l'autel de la Patrie pour y recevoir les signatures. Elle fut bientôt signée de plus de six mille noms.

Dans le cours de la matinée il y eut une bagarre où deux hommes furent massacrés : l'Assemblée, vers midi, invita Bailly, maire de Paris, à rétablir l'ordre. Bailly, après des pourparlers, se rendit le soir au Champ de Mars avec un bataillon de garde nationale commandé par La Fayette, et somma, dans les formes légales, les pétitionnaires de se disperser. Ceux-ci ripostèrent par des volées de pierres. La garde nationale tira d'abord en l'air. Les manifestants continuant à lancer des pierres, une seconde décharge en coucha par terre une cinquantaine.

A la suite de cette fusillade, le parti républicain se trouva pour un temps désorganisé. D'autre part la manifestation, faite surtout par des ouvriers, prit aux yeux de l'Assemblée, où la bourgeoisie dominait, un caractère démagogique qui l'effraya. Par là, l'affaire du Champ de Mars raffermit la plupart des députés dans cette idée que le gouvernement monarchique était indispensable à la France et fortifia les sentiments royalistes de la majorité.

**LA FIN DE LA CONSTITUANTE**

Deux mois plus tard, l'Assemblée achevait ses travaux. La constitution, terminée le 3 septembre, était acceptée le 13 par le roi, auquel l'Assemblée rendit ses pouvoirs. Le mercredi 14 septembre Louis XVI vint au Manège dont les tribunes étaient envahies par le public dès

1. Voir ci-dessous, page 68.

la veille, et jura solennellement devant l'Assemblée « d'employer tout le pouvoir qui lui était délégué pour faire exécuter et maintenir la constitution ». — « Puisse cette grande et mémorable époque, ajouta-t-il, être le gage de la réunion de tous les Français, l'aurore de la paix et du bonheur de la France. »

UNE COIFFURE PATRIOTE.

Photographie d'une gravure de la Bibliothèque nationale.

*Cette amusante gravure, qui date des tout premiers temps de la Révolution, — elle est antérieure au mois d'août 1789 — montre que les commerçants, pour annoncer leurs marchandises, avaient tout autant l'esprit d'à-propos qu'aujourd'hui. Ce modèle de « coiffure aux charmes de la liberté » donne une idée des extravagances du goût féminin à la fin du dix-huitième siècle. Les charmes de la liberté ne devaient point manquer de lourdeur.*

On était loin de l'union. Un diplomate présent à la séance remarquait que l'Assemblée n'était même pas complète, qu'il y manquait tous les députés dits « aristocrates », et qu'au milieu des acclamations en l'honneur du roi, « des bruits sourds, des cris à demi étouffés faisaient dans l'air un bourdonnement désagréable et qui marquait clairement que la défiance régnait toujours dans le cœur des Parisiens. »

Le vendredi 30 septembre, comme cinq heures sonnaient, l'Assemblée Nationale Constituante déclara « que sa mission était remplie et que ses séances étaient terminées ».

## II

### *LA CONSTITUTION DE 1791*

L'Assemblée Constituante eut une double tâche à remplir. Elle eut à *liquider le passé financier* de l'ancien régime, et à assurer l'*organisation de la France nouvelle*. La liquidation financière fut opérée au moyen des *biens du Clergé* mis à la disposition de la nation par décret du 2 novembre 1789, et servant de garantie à une émission de papier-monnaie, les *assignats*. L'organisation de la France nouvelle fut assurée par la *constitution de 1791*.

**REPRISE DES BIENS DU CLERGÉ**

Le règlement des affaires financières devait être, dans la pensée du roi, la tâche principale, sinon la tâche unique, de l'Assemblée. L'Assemblée ne s'en occupa cependant qu'après avoir voté les articles fondamentaux de la constitution. Différentes solutions furent essayées, emprunts nouveaux, contribution générale et exceptionnelle du quart du revenu : elles ne donnèrent que de mauvais résultats. Alors, la banqueroute devenant imminente, des députés proposèrent la vente au profit de l'État des biens du Clergé. Ils exposèrent cette thèse, déjà soutenue dans les États Généraux du seizième siècle, que le clergé avait seulement l'*usufruit* et non pas la propriété de ses biens ; que ceux-ci lui avaient été légués dans un intérêt général, pour assurer le service du culte, l'entretien des églises, des hôpitaux, des écoles, etc. Par conséquent, l'intérêt général l'exigeant, et sous la condition d'assurer lui-même tous les services assurés jusqu'alors par le Clergé, l'État pouvait légitimement disposer de ces biens. Cette thèse, à laquelle une partie des députés ecclésiastiques se rallia, fut adoptée par la majorité de l'Assemblée. Le 2 novembre 1789 elle rendit le décret suivant :

« Tous les biens ecclésiatiques sont à la disposition de la nation, à la charge de pourvoir d'une manière convenable aux frais du culte, à l'entretien de ses ministres, au soulagement des pauvres, sous la surveillance et d'après les instructions des provinces. »

L'Assemblée contractait ainsi au nom de la France l'engagement solennel d'organiser l'assistance publique, et d'assurer, par le paiement d'un traitement convenable aux prêtres des paroisses, le service du culte catholique par toute la France.

**LES ASSIGNATS**

La vente de l'immense étendue de terres — un quart du territoire français — que représentaient les biens du Clergé, ne pouvait s'opérer qu'en de longues années. Comme on avait un besoin immédiat d'argent, on imagina

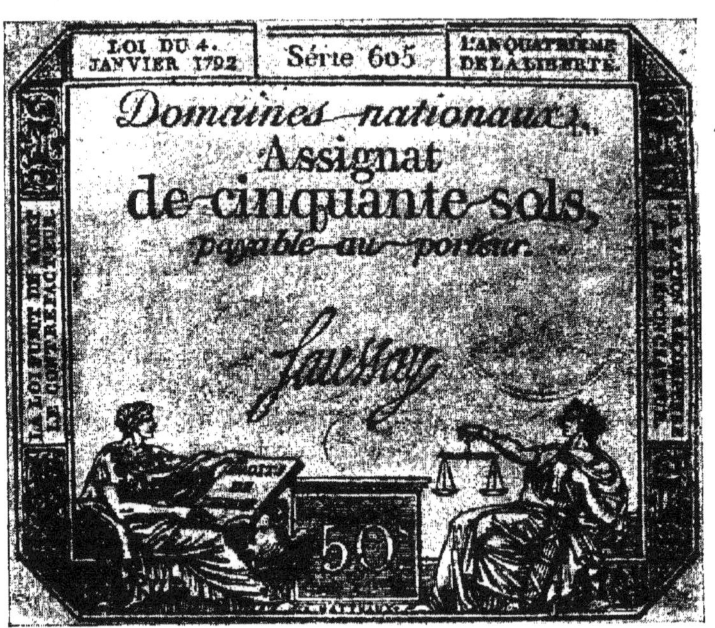


PHOTOGRAPHIE D'UN ASSIGNAT. — Bibliothèque nationale.

*L'assignat était un* papier-monnaie *analogue aux billets de la Banque de Law ou à nos billets de banque. Mais sa valeur, au lieu d'être garantie par de l'or ou de l'argent, était garantie par les biens du Clergé repris par l'État, qualifiés* domaines nationaux *et vendus pour le règlement de la dette créée par la royauté. L'assignat devait être remboursé en terres.*

*L'assignat reproduit ici appartient à la période monarchique et à l'émission faite en janvier 1792 en vertu d'une loi de l'Assemblée Législative. Remarquer à droite en haut l'inscription « L'An quatrième de la Liberté ». L'inscription latérale à gauche indique quelles mesures terribles étaient prises pour empêcher l'émission de fausse monnaie. Aujourd'hui les travaux forcés à perpétuité ont remplacé la peine de mort. On aperçoit à droite et à gauche de la signature* Saussay *deux médaillons en filigrane, c'est-à-dire imprimés dans l'épaisseur du papier, comme il y en a dans nos billets de banque. L'un de ces médaillons représentait le roi. — Par suite des émissions incessantes, les assignats perdirent toute valeur. En 1796, cet assignat de cinquante sous valait* sept millièmes de franc, *moins d'un centime.*

de faire de ces biens, qualifiés désormais « *domaines nationaux* », la garantie d'un papier-monnaie. Ceux qui recevraient ce papier en paiement pourraient, s'ils le voulaient, l'échanger contre de la terre, comme en 1718 on pouvait échanger les billets de la banque de Law contre du numéraire[1]. On donna au nouveau papier-monnaie le nom d'*assignats*. La première émission d'assignats fut faite au mois de décembre 1789 : elle était de quatre cents millions.

Au début le public accepta volontiers les assignats. Mais par la suite, les troubles politiques amenant une désorganisation presque complète des finances, puis les guerres nécessitant d'énormes dépenses, l'État toujours à court d'argent, surtout sous la Convention et le Directoire, multiplia outre mesure les émissions : ce fut le recommencement des fautes de Law et de la Banque d'Escompte, et il en résulta la pire crise financière que la France ait connue. En 1789, les biens du Clergé étaient estimés *quatre milliards*. De 1789 à 1796, en sept ans, il fut mis en circulation *quarante-cinq milliards et demi* d'assignats. Aussi la valeur de l'assignat ne cessa pas de baisser : l'assignat de 100 livres accepté pour 100 livres de numéraire en 1789, pour 91 livres en 1791, valait six sous en 1796.

**LA CONSTITUTION DE 1791**

Le *Comité de Constitution* nommé par l'Assemblée Nationale, le 8 juillet 1789, présenta un projet le 20 août. Les articles furent discutés et votés en moins d'un mois et demi, du 20 août au 1er octobre 1789. Ce premier texte de la Constitution fut complété dans la suite par de nombreuses lois. Aussi au mois de septembre 1790 l'Assemblée décidait-elle de refondre en un texte unique les articles primitifs et les lois nouvelles. Le travail fut achevé l'année suivante : de là le nom de *Constitution de 1791*.

**LA DÉCLARATION DES DROITS DE L'HOMME**

Les députés de la Constituante étaient en majorité pénétrés des idées des Philosophes, Montesquieu, Voltaire, Rousseau, et des Encyclopédistes. Or, Philosophes et Encyclopédistes avaient enseigné qu'on doit toujours agir conformément à des principes vérifiés par la raison, reconnus justes par elle, par suite, d'une application universelle, vrais en tous pays et en tous temps. D'autre part, les Insurgents Américains avaient récemment donné l'exemple

1. Voir les *Temps Modernes*, page 370.

de publier sous le nom de *Déclaration des Droits* un exposé des principes qui justifiaient leur conduite[1]. Cette déclaration, on l'a vu[2], était connue en France et certains cahiers, en particulier des cahiers de la Noblesse, réclamaient la rédaction d'une déclaration analogue. Aussi l'Assemblée décida-t-elle de placer en tête de la constitution un exposé des principes généraux d'où seraient déduits les articles de la constitution. De là la **Déclaration des Droits de l'homme et du citoyen** votée le 27 août 1789.

La déclaration, en dix-sept articles, est précédée d'un préambule où sont expliquées les raisons qui l'ont inspirée et l'utilité dont elle doit être. Voici le texte du préambule et les articles de cette Déclaration qu'un historien célèbre, Edgard Quinet, a appelée « l'*Évangile des Temps Nouveaux* » et dont on peut dire qu'un pays n'est pas vraiment libre s'il n'en applique exactement tous les principes.

## PRÉAMBULE

Les représentants du Peuple Français, constitués en Assemblée Nationale, considérant que l'ignorance, l'oubli ou le mépris des droits de l'homme sont les seules causes des malheurs publics et de la corruption des gouvernements, ont résolu d'exposer, dans une Déclaration solennelle, les droits naturels, inaliénables et sacrés de l'homme, afin que cette Déclaration constamment présente à tous les membres du corps social, leur rappelle sans cesse leurs droits et leurs devoirs; afin que les actes du pouvoir législatif et ceux du pouvoir exécutif, pouvant être à chaque instant comparés avec le but de chaque institution politique, en soient plus respectés : afin que les réclamations des citoyens, fondées désormais sur des principes simples et incontestables, tournent toujours au maintien de la constitution et au bonheur de tous.

En conséquence, l'Assemblée Nationale reconnaît et déclare, en présence et sous les auspices de l'Être Suprême, les droits suivants de l'homme et du citoyen :

1. Voir les *Temps Modernes*, page 477.
2. Voir les *Temps Modernes*, page 481.

LA DÉCLARATION DES DROITS DE L'HOMME.

*Cet encadrement, photographie d'un encadrement de 1790, est accompagné de cette légende : « D'un côté la France ayant brisé ses fers ; de l'autre la Loi indiquant du doigt les Droits de l'homme et montrant avec son sceptre l'œil suprême de la raison qui vient dissiper les nuages de l'erreur. La lance, le faisceau, le bonnet, le serpent, la guirlande de chêne représentent tout à la fois l'union des départements, la liberté, le civisme, la prudence et la sagesse du gouvernement. »*

Des principes ainsi exposés, deux eurent une importance toute particulière dans la constitution de 1791 : le principe de la *souveraineté du peuple* exposé à l'article III ; le principe de la *séparation des pouvoirs* exposé dans l'article XVI et emprunté à Montesquieu. Ces principes, sauf des variations dans la façon de les appliquer, ont été reconnus depuis lors dans toutes nos constitutions, la Charte de 1814 exceptée.

**LE GOUVERNEMENT REPRÉSENTATIF**

Comme dans un pays aussi étendu que la France la nation ne peut exercer elle-même directement la souveraineté, elle *délègue ses pouvoirs* : son gouvernement est *représentatif*. Elle délègue le pouvoir législatif à des députés élus ; le pouvoir exécutif au roi : le pouvoir judiciaire à des juges élus.

**LE SYSTÈME ÉLECTORAL**

La nation ne concourait ni tout entière, ni directement comme aujourd'hui à l'élection de ses délégués, députés et juges. Les élections se faisaient non pas au suffrage universel, mais au *suffrage restreint* et à *deux degrés*.

La constitution distinguait en effet parmi les citoyens, les *citoyens actifs* et les *citoyens passifs*. Les premiers seuls avaient puissance de déléguer les pouvoirs de la nation. Cette distinction reposait sur des conditions de fortune déterminées par la loi. Pour être citoyen actif, il fallait être âgé de vingt-cinq ans et payer une contribution directe égale à la valeur de trois journées de travail. Il y eut ainsi 4208000 citoyens actifs contre 3000000 de citoyens passifs.

Mais tous les citoyens actifs ne participaient pas directement aux élections. Réunis en *assemblées primaires* dans chaque canton, ils désignaient les *électeurs* à raison d'un électeur par cent citoyens actifs. Les électeurs devaient eux-mêmes remplir certaines conditions de fortune, posséder un revenu foncier ce qu'on appela le *cens*, équivalent à la valeur de 150 à 200 journées de travail. Ces électeurs au nombre de 429000 nommaient, réunis aux chefs-lieux de départements, les *députés* et les *juges*.

**LE POUVOIR LÉGISLATIF**

La puissance de faire les lois était déléguée à 745 députés élus pour deux ans, formant une assemblée unique, l'*Assemblée législative*, indissoluble et siégeant en permanence. L'Assemblée avait l'initiative et le vote des lois, fixait le chiffre des contributions, les répartissait entre les départements, ordonnait et surveillait l'emploi des fonds publics, décidait de concert avec le roi la guerre et la paix.

**LE POUVOIR EXÉCUTIF**

Le pouvoir exécutif était confié au roi qui, hier maître unique et absolu, roi par la grâce de Dieu, n'était plus d'après la constitution, que le délégué héréditaire de la nation à l'exécutif. Il portait le titre de *roi des Français* au lieu du titre de roi de France. Il était inviolable et irresponsable. Lui qui disposait jadis souverainement de toutes les ressources de l'État, il recevait sous le nom de *liste civile* un traitement de vingt-cinq millions. Il nommait et révoquait les ministres, qu'il ne pouvait choisir parmi les membres de l'Assemblée. Il dirigeait la politique étrangère, nommait les ambassadeurs et une partie des officiers de terre et de mer. Les lois votées par l'Assemblée législative devaient être sanctionnées par lui. Il pouvait refuser cette sanction pendant deux législatures consécutives. Mais la loi était applicable même sans la sanction royale, si une troisième Assemblée la votait. On appelait *veto suspensif* ce droit d'opposition temporaire accordé au roi.

**LE POUVOIR JUDICIAIRE**

La nation déléguait le pouvoir de juger à des juges élus par les citoyens actifs, les uns pour deux ans, les autres pour six ans. Une nouvelle hiérarchie judiciaire était créée en concordance avec une nouvelle division administrative. Elle comprenait à la base les *tribunaux de paix*, tribunaux d'arbitrage et de conciliation établis dans chaque canton; au-dessus les *tribunaux de districts*; enfin au sommet un *tribunal de cassation* siégeant à Paris. Il y eut pour la justice pénale trois degrés : les *tribunaux de simple police* pour les *contraventions*; les *tribunaux correctionnels* pour les *délits*; les *tribunaux criminels* pour les *crimes*. Ici la nation exerçait presque directement la puissance judiciaire. En effet la culpabilité ou l'innocence des accusés était proclamée non point par les juges, mais par les *jurés*, c'est-à-dire par un certain nombre de citoyens actifs que désignait le sort.

**L'ORGANISATION ADMINISTRATIVE**

La Constituante donna à la France une nouvelle organisation administrative, uniforme et simplifiée. Dans cette organisation, par application du principe de la souveraineté du peuple, l'autorité administrative était confiée, non point comme sous l'ancien régime à des intendants, ou comme aujourd'hui à des préfets, c'est-à-dire à des *fonctionnaires* nommés par le gouvernement central et qui le représentent, mais à des délégués, élus, de même que les députés et les juges, par les citoyens actifs.

La France était divisée en quatre-vingt-trois *départements*. Le département était subdivisé en *districts* — l'arrondissement d'aujourd'hui, — le district en *cantons*, le canton en *communes*. A la tête de chacune de ces divisions il y avait un pouvoir exécutif : le *Directoire*, siégeant en permanence ; et une sorte de pouvoir législatif : le *Conseil*, réuni à dates fixes. Dans les communes le Directoire était remplacé par le *Maire*. Ces corps administratifs avaient pour attributions essentielles de répartir et percevoir l'impôt, d'ordonner les dépenses et de surveiller l'emploi des fonds assignés pour ces dépenses.

**LES CONTRIBUTIONS**

« **P**our l'entretien de la force publique et pour les dépenses d'administration, dit l'article XIII de la Déclaration, une contribution commune est indispensable ; elle doit être également répartie entre tous les citoyens, en raison de leurs facultés. » La Déclaration parlait de *contribution* et non pas *d'impôts* : le mot contribution indiquait le paiement *librement consenti* par les délégués de la nation, substitué au paiement *imposé* par la seule volonté du souverain.

Tous les anciens impôts étant abolis, la Constituante établit trois *contributions directes* encore en vigueur aujourd'hui : la *contribution foncière*, perçue sur les terres et les maisons, la *contribution personnelle et mobilière*, calculée sur la fortune du citoyen, présumée d'après son loyer ; les *patentes*, payées par quiconque exerce un commerce ou une industrie.

A ces contributions directes qui correspondaient à l'ancienne taille réelle et personnelle et à la capitation, s'ajoutèrent les *contributions indirectes* réduites aux droits d'*enregistrement*, perçus sur la valeur des actes dont les particuliers font constater l'existence par l'État ; au *timbre* et aux *douanes*, toutes contributions encore perçues aujourd'hui.

**LES VICES DE LA CONSTITUTION DE 1791**

**T**els étaient les traits essentiels de l'organisation politique nouvelle donnée par la Constituante à la France. La constitution de 1791 n'était du reste — on le verra plus loin [1] — qu'une partie de l'œuvre immense de la Constituante, la partie la moins durable et la plus médiocre. En

1. Voir ci-dessous, Chapitre IV.

bien des points la Constitution était mauvaise et préparait les conflits entre le roi et la nation et les catastrophes ultérieures. Par exemple la séparation entre le pouvoir exécutif et le pouvoir législatif était trop absolue : l'interdiction faite au roi de prendre ses ministres parmi les députés, empêchait toute communication directe entre les deux pouvoirs et devait contribuer à créer un régime de méfiance réciproque.

D'autre part, l'Assemblée ne pouvant être dissoute, il n'y avait aux conflits possibles entre le roi et l'Assemblée d'autre solution que les coups de force, coups de force du roi contre l'Assemblée, ou de l'Assemblée contre le roi. Le *veto suspensif* était insuffisant aux yeux du roi, hier encore monarque absolu, excessif aux yeux de la nation, désormais souveraine : il ne pouvait servir qu'à exciter les impatiences et à éveiller les colères populaires. Il devait être, deux mois à peine après la mise en vigueur de la constitution, l'occasion entre le roi, l'Assemblée et le peuple de Paris, d'un conflit qui s'aggravant de jour en jour, aboutit moins d'un an plus tard à l'insurrection du 10 août et au renversement de Louis XVI et de la royauté[1].

Mais la constitution était surtout vicieuse en deux points : le *système électoral* et l'*organisation administrative*. La distinction des citoyens actifs et passifs, vainement combattue par un député d'Arras, l'avocat *Robespierre*, violait le principe de l'égalité, le premier des principes de la Déclaration. Aux anciennes classes privilégiées abolies la constitution substituait ainsi de nouveaux privilégiés, les privilégiés de la fortune. Il y avait là un néfaste principe de jalousie et de division jeté entre la bourgeoisie et le peuple.

Avec le système des administrateurs élus, il n'y avait plus dans les départements un seul représentant du pouvoir central. Chacun des départements était comme un *royaume en miniature*, et la France était *démembrée en quatre-vingt-trois tronçons*, dont personne ne pouvait coordonner les mouvements. Il en pouvait résulter et il en résulta aux heures de crise extérieure les pires dangers. Il en résulta très vite une complète désorganisation financière. Cet état d'anarchie légale rendit indispensable deux ans plus tard, en 1793, l'organisation d'un gouvernement tout contraire, centralisé à outrance et dictatorial, le *gouvernement révolutionnaire*[2].

1. Voir ci-dessous, page 76.
2. Voir ci-dessous, page 91.

LA CONSTITUTION CIVILE DU CLERGÉ

Plus dangereuse encore fut la tentative de l'Assemblée, usurpant les attributions d'un concile, pour donner à l'Église de France, par la *constitution civile du Clergé*, une organisation calquée sur l'organisation générale du royaume.

La constitution civile du clergé, votée le 12 juillet 1790, remaniait les circonscriptions ecclésiastiques qui dataient de l'Empire romain. Le nombre des évêchés était ramené de cent trente-quatre à quatre-vingt-trois, à raison d'un évêché par département. Ces évêchés étaient groupés en dix *métropoles*. Métropolitains, évêques et curés devaient être élus par les mêmes électeurs qui nommaient les députés. Les élus demanderaient l'investiture spirituelle, sans laquelle ils n'étaient religieusement rien, non pas au pape, mais au métropolitain dont ils dépendaient. Au cas où le métropolitain la refuserait, l'élu s'adresserait au tribunal civil. Celui-ci, s'il le jugeait bon, désignerait un évêque qui serait alors contraint d'accorder l'investiture. Le pape serait simplement informé des élections par les élus et n'aurait ni à les approuver ni à les improuver.

La constitution civile était l'œuvre des Jansénistes, des Gallicans et des anciens Parlementaires : elle était la conclusion de la lutte qu'ils soutenaient depuis près de deux siècles contre la suprématie du pape. Ils prenaient leur revanche des persécutions subies à propos de la *Bulle Unigenitus* pendant la première moitié du dix-huitième siècle, en organisant une Église française presque indépendante de Rome[1].

Cette constitution était inacceptable pour les Catholiques sincères. Ils ne pouvaient admettre par exemple l'intervention des Protestants et des Juifs, là où ceux-ci étaient électeurs, dans l'élection du prêtre ou de l'évêque. Ils ne pouvaient admettre l'intervention des juges laïcs, peut-être incrédules, dans l'attribution des pouvoirs spirituels. L'Assemblée voulut cependant contraindre le Clergé à prêter serment de fidélité à la constitution civile. Quiconque refuserait le serment serait considéré comme démissionnaire et passible de poursuites s'il continuait à exercer ses fonctions (27 novembre 1791). Tous les évêques, sauf quatre, quarante-six mille prêtres, — les deux tiers du clergé des paroisses, — refusèrent le serment. On les appela les *insermentés* ou les *réfractaires*. Ceux qui se soumirent furent les *jureurs*, ou *constitutionnels*, ou *assermentés*.

1. Voir les *Temps Modernes*, pages 252 et 333.

La constitution civile eut les plus funestes conséquences. On a vu plus haut comment elle fut pour Louis XVI une cause de sa tentative de fuite. Elle transforma en adversaires de la Révolution un grand nombre de prêtres qui avaient contribué à la faire. Elle provoqua immédiatement des troubles sanglants dans le Midi, en Vendée, en Poitou, en Bretagne, quand on voulut installer les prêtres jureurs à la place des insermentés. Dans la suite elle amena des persécutions religieuses, et par contre-coup l'une des plus terribles guerres civiles qu'ait subies la France, la guerre de Vendée[1].

MIRABEAU (1749-1791).
Photographie d'un pastel de Michel-Honoré BOUNIEU.

*Gabriel Honoré de Riquetti, comte de Mirabeau, député du Tiers d'Aix en Provence, fut le plus grand orateur de la Constituante, le défenseur enflammé des droits de la Nation. De taille moyenne, de formes athlétiques, il était remarquablement laid et défiguré par la petite vérole : « On ne connaît pas la toute-puissance de ma laideur, disait-il lui-même. Quand je secoue ma terrible hure, il n'y a personne qui osât m'interrompre. » Il parlait à la tribune presque sans gestes, d'un ton calme et grave, appuyant sur les mots d'une voix pleine et sonore, gardant un sang-froid imperturbable. Les Mirabeau descendaient d'une famille florentine fixée à Marseille au treizième siècle. Ils étaient célèbres par leurs originalités.*

S PARTIS

Lors des premières séances de l'Assemblée, les députés étaient groupés soit par ordres, soit par provinces. Très rapidement ils en vinrent à se grouper d'après la communauté d'opinions. Il se forma ainsi des sortes de partis qui n'étaient point cependant des corps organisés ayant un président, des secrétaires, des réunions hors de l'Assemblée, etc., comme sont aujourd'hui les partis politiques. Les partisans des réformes et de la toute-puissance de la nation, appelés par suite

1. Voir ci-dessous, chapitre VI.

les *amis du peuple* ou les *Patriotes*, se groupèrent *à gauche* du Président : ce fut le *côté du Palais-Royal*. Les partisans de l'ancien état de choses appelés bientôt les *Aristocrates*, se placèrent *à droite* : ce fut le *côté de la Reine*. Entre les deux, formant ce que nous appelons aujourd'hui le *Centre* et ce que l'on appelait alors la *Plaine*, se placèrent les *Impartiaux*. Les Impartiaux étaient les disciples de Montesquieu et les partisans d'une monarchie calquée sur la monarchie anglaise, comportant deux chambres, une chambre haute équivalant à la Chambre des Lords, une chambre basse équivalant à la Chambre des Communes. On les appela les *Constitutionnels anglais* ou les *Monarchiens*. Dans la rédaction de la constitution, ce fut le groupe des *Patriotes* qui fit triompher ses opinions et rejeter le système des deux chambres comme contraire au principe d'égalité.

**MIRABEAU**

Chacun des partis eut ses orateurs célèbres. Mais de tous les orateurs de la Constituante aucun n'égala ***Mirabeau***. Noble, repoussé par les nobles en raison des scandales de sa vie, le comte de Mirabeau s'était fait élire député par le Tiers d'Aix, en Provence. Le mépris presque universel qu'il s'était attiré l'empêcha longtemps d'exercer sur l'Assemblée l'influence que sa puissante intelligence devait légitimement lui assurer. Il fut d'abord l'orateur de la nation contre la cour et s'acquit ainsi une immense popularité. Mais dès le début de 1790, il jugea que l'Assemblée limitait l'autorité du roi plus qu'il n'était utile pour le bien de l'État : il devint le défenseur de la puissance royale. Il se rapprocha secrètement de Louis XVI, dont il reçut une pension mensuelle. Il lui donna des conseils qui ne furent point entendus. Il ne fut guère mieux écouté de l'Assemblée lorsque, pendant la révision de la constitution, il essaya de faire attribuer au roi des pouvoirs plus étendus. Sa mort au mois d'avril 1791 fut un deuil public.

CHAPITRE III

# LA CHUTE DE LA ROYAUTÉ
## L'ASSEMBLÉE LÉGISLATIVE

La monarchie constitutionnelle établie par la constitution de 1791 ne dura pas tout à fait un an. L'Assemblée Législative, élue en vertu de cette constitution, et dont le mandat légal était de deux ans, siégea moins d'une année, du 1er octobre 1791 au 20 septembre 1792. Son histoire fut marquée par deux faits essentiels :

*La déclaration de la guerre à l'Autriche*, le 20 avril 1792, point de départ d'une guerre qui, devenue européenne, devait se prolonger pendant dix ans (1792-1802) ;

*La suspension de Louis XVI*, imposée par *l'insurrection parisienne du* 10 *août* 1792, et prélude de l'abolition de la royauté.

Ces deux grands événements eurent pour causes principales : *à l'intérieur*, les troubles provoqués par l'application de la constitution civile du Clergé ; *au dehors*, les intrigues des *émigrés*, les menaces d'intervention des souverains étrangers, secrètement sollicitées par Louis XVI et Marie-Antoinette, l'invasion de la France et les échecs militaires du début de la campagne, attribués à la trahison du roi et de la reine.

Louis XVI suspendu, l'Assemblée Législative considéra son mandat comme insuffisant, et décida de céder la place à une *Convention*, chargée de donner une constitution nouvelle à la France.

**L'ASSEMBLÉE LES PARTIS**

L'Assemblée Législative commença de siéger le 1er octobre, le lendemain même de la dissolution de la Constituante. Les députés étaient tous des hommes nouveaux. Les Constituants, dans un fâcheux élan de désintéressement, avaient en effet décidé qu'aucun d'eux ne pourrait faire partie de la Législative et ne pourrait non plus être ministre : l'expérience qu'ils avaient acquise devenait ainsi inutile à la France. Les députés étaient presque unanimement royalistes : presque unanimement aussi, ils se méfiaient de Louis XVI, comme on le faisait par toute la France depuis la tentative de Varennes. Mais tous n'étaient pas d'accord sur l'attitude à tenir en face de ce roi suspect : de là la formation de plusieurs partis.

Les uns voulaient que l'on s'en tînt à l'application stricte de la constitution, et que l'on n'essayât pas d'empiéter sur les pouvoirs laissés au roi. Ceux-ci siégèrent *à droite* : on les appela les *Constitutionnels* ou les *Feuillants*, du nom d'un club auquel ils appartenaient tous. Au contraire, d'autres, en plus petit nombre, républicains de tendances, voulaient réduire la puissance royale au point que le roi fût simplement un président de république héréditaire. S'il tentait de violer la Constitution, on le déposerait, bien qu'il fût irresponsable et inviolable. Ces députés siégèrent *à gauche* : ils appartenaient au club des *Jacobins* ; de là leur nom primitif. Plus tard, des divergences d'opinions s'étant produites entre les députés et les autres membres de la société des Jacobins, les députés formèrent le groupe des *Girondins*, du nom du département que représentaient les plus éloquents ou les plus influents d'entre eux, l'avocat *Vergniaud*, le journaliste *Brissot*, etc.

Entre les Constitutionnels et les Girondins siégèrent, au centre, les *Indépendants*, qui, incapables d'avoir un programme par eux-mêmes, appuyèrent tour à tour les deux partis extrêmes de droite et de gauche.

**LES CLUBS**

Les partis se retrouvaient, hors de l'Assemblée, dans les *Clubs*. Les clubs ou sociétés politiques, imités de l'Angleterre, s'étaient formés au temps de l'Assemblée Constituante. Ils étaient, en 1791, au nombre de trois, tirant leurs noms des couvents abandonnés où se tenaient leurs séances : club des *Jacobins*, club des *Feuillants*, club des *Cordeliers* [1].

**LES JACOBINS**

Le club des Jacobins avait été créé le premier, au début même de la Constituante. Ce fut, à l'origine, un groupe composé uniquement de députés qui, avant les séances de l'Assemblée, se réunissaient pour se concerter. Après les journées d'octobre 1789, quand l'Assemblée eut suivi le roi à Paris, le groupe comprit tous les députés *patriotes*, se

1. Voir ci-dessus, l'emplacement de ces clubs dans le plan de Paris, page 37.

transforma en *Société des Amis de la Constitution*, admit des gens de lettres, des avocats, de riches bourgeois, et s'établit dans la chapelle de l'ancien couvent des *Jacobins*, rue Saint-Honoré. On discutait dans les séances de la société toutes les questions qu'avait à examiner ou que venait de trancher la Constituante. Au lendemain de la fuite du roi, une partie des Jacobins ayant demandé, non pas l'abolition de la royauté, mais la déchéance de Louis XVI, de nombreux députés trouvèrent la pétition trop révolutionnaire. Ils se retirèrent du club et formèrent une société nouvelle qui siégea au couvent des *Feuillants*. Après cette scission, le club des Jacobins demeura cependant monarchiste. Au moment de la réunion de l'Assemblée Législative, l'orateur le plus écouté de la société était *Robespierre*, partisan du suffrage universel, mais adversaire déterminé de quiconque osait songer à l'établissement d'un gouvernement républicain en France. Les Jacobins se bornaient alors à désirer qu'on surveillât étroitement le roi et que l'on modifiât le système électoral.

Les Jacobins étaient déjà une puissance dans le royaume. En effet, dès 1790, sur le modèle de la société de Paris, des sociétés s'étaient formées par toute la France, dans les villes et jusque dans les villages. Il finit par y avoir plus de deux mille sociétés dans les départements. Elles établirent entre elles des relations régulières, afin de former, disait le président d'un petit club de village, « une confédération de lumières qui éclairera le peuple de ses droits ». Mais surtout elles demandèrent, aussitôt que créées, l'*affiliation* à la société de Paris, considérée dès lors comme la *société mère*. Elles sollicitaient ses conseils, la renseignaient sur leur région et conformaient leur conduite aux instructions reçues. Les Jacobins eurent ainsi, dans la plupart des départements, des agents volontaires, prêts à agir tous dans le même sens, avec une parfaite discipline, sur un mot d'ordre venu de Paris. Ils formèrent un État dans l'État, un *État centralisé* dans l'État décentralisé où la Constitution avait supprimé tout moyen d'action du gouvernement sur les départements, c'est-à-dire où tout gouvernement était aboli.

Cette situation assura aux Jacobins une influence prépondérante, lorsque l'insurrection du 10 août eut achevé de désorganiser le gouvernement. Ils demeurèrent dans la suite, sous la Convention, les meilleurs auxiliaires du gouvernement révolutionnaire.

LE CLUB DES JACOBINS.
Fac-simile d'un dessin de DUPLESSIS-BERTAUX (1747-1813).

La Société des Amis de la Constitution *s'installa à Paris, rue Saint-Honoré, non loin des Tuileries, dans l'ancien couvent des Jacobins, un ordre religieux aboli comme tous les ordres religieux par la Constituante. Le club des Jacobins joua un rôle considérable sous la Législative et la Convention : il dirigea la France à certaines heures, grâce aux deux mille sociétés affiliées qui existaient dans les départements. La gravure de Duplessis-Bertaux représente la force armée fermant le Club, par ordre de la Convention, en novembre 1794. Certains détails particuliers à la Révolution sont intéressants. A droite un* arbre de la liberté; *on en avait planté dans toutes les villes et dans tous les villages. Au-dessus de la porte de la chapelle un drapeau tricolore, surmonté d'un bonnet rouge dit* bonnet phrygien, *signe distinctif dans l'antiquité des esclaves affranchis et rendus à la liberté. Les symboles antiques furent très à la mode pendant la Révolution. L'inscription au-dessus du drapeau est comme le programme résumé des Jacobins : « Liberté, égalité, indivisibilité de la République, fraternité, ou la mort ». Duplessis-Bertaux, graveur et peintre, a laissé une intéressante série de gravures relatives aux événements principaux de la Révolution.*

**LES CORDELIERS**

Tandis que le club des Jacobins fut à l'origine et resta pendant longtemps un club de riches bourgeois, le club des Cordeliers eut dès l'origine un caractère populaire et démocratique. Il avait été créé, sous le nom de *Société des droits de l'homme et du citoyen*, par un avocat, *Danton*, afin de protester contre la distinction des citoyens en citoyens actifs et passifs et de réclamer, au nom du principe d'égalité, l'établissement du suffrage universel. Le club réunit de nombreux petits bourgeois, des boutiquiers, des ouvriers.

UNE SÉANCE DU CLUB DES JACOBINS EN 1791.
Photographie d'une gravure anonyme.

*Les Jacobins siégeaient dans la salle de la bibliothèque, un long rectangle : les membres du club étaient assis sur des banquettes disposées le long des deux grands côtés. La* tribune, *comme dans la salle des Menus à Versailles — page 33 — était placée en face du* bureau *du président et non pas au-dessous et en avant comme aujourd'hui dans nos salles d'assemblées, et comme cela fut pratiqué en 1793 pour la salle de la Convention aux Tuileries — page [illegible]. — La salle du Manège où siégea la Législative et où la Convention jugea Louis XVI était disposée comme cette salle des Jacobins. Les Jacobins discutaient toutes les questions qu'étudiaient la Constituante, la Législative, la Convention. C'était comme une seconde assemblée dépourvue de tout caractère légal, mais qui cependant préparait, critiquait, contrôlait et souvent dictait les décisions de l'Assemblée légale.*

Depuis la fuite du roi, les Cordeliers étaient franchement républicains : c'étaient eux, on l'a vu[1], qui avaient pris l'initiative de la pétition du Champ de Mars. Leur force était à peu près tout entière à Paris, parce que la population ouvrière était peu nombreuse dans les départements. Mais cette force était considérable : c'étaient les ouvriers des *faubourgs Saint-Antoine et Saint-Marceau*, les deux grands faubourgs de la rive droite et de la rive gauche[2], des milliers d'hommes rudes, énergiques, enthousiastes de la Révolution qui leur avait donné la liberté et les avait faits des citoyens, par suite prêts pour défendre son œuvre, s'ils la croyaient en péril, à la bataille et à la mort.

1. Voir ci-dessus, page 51.
2. Voir ci-dessus, le plan de Paris, page 57.

Les Cordeliers furent sinon toujours les organisateurs principaux, du moins toujours les acteurs essentiels de ce qu'on appelle les *journées révolutionnaires*, c'est-à-dire des coups de force de Paris contre le roi, et plus tard contre la Convention.

**CAUSES DU CONFLIT ENTRE LE ROI ET LA NATION**

Les travaux de l'Assemblée Législative commençaient au milieu de circonstances fâcheuses, d'où devaient logiquement résulter un conflit entre la nation et le roi, et la chute de la royauté. Dans l'Ouest, en Anjou et en Vendée, l'application de la constitution civile du Clergé provoquait un commencement de guerre religieuse. Des bandes en armes, fortes de plusieurs milliers de paysans et poussées par les prêtres réfractaires, donnaient la chasse aux prêtres *jureurs* et tenaient tête aux gardes nationaux envoyées contre elles. A Paris, le roi et la reine conspiraient contre la constitution. Au dehors, les émigrés s'armaient et s'efforçaient de provoquer une intervention militaire de l'étranger.

**LES INTRIGUES DU ROI ET DE LA REINE**

L'adhésion du roi à la constitution, si solennellement donnée, n'était cependant pas sincère. Louis XVI expliquait lui-même à son frère le comte de Provence qu'il avait adhéré uniquement par crainte « d'un orage incalculable », mais avec la conviction et l'espérance que le peuple, vite dégoûté de la constitution, le laisserait bientôt la supprimer. « Il faut, écrivait-il, qu'ils en fassent eux-mêmes l'expérience ; alors ils reconnaîtront promptement leur erreur. » Feuillants et Jacobins lui inspiraient ainsi qu'à Marie-Antoinette la même antipathie violente. L'idée d'user rapidement la constitution les amena à pratiquer la plus malfaisante et la plus maladroite des politiques, celle qui consiste à soutenir les partis extrêmes contre les modérés afin de provoquer une crise : de l'excès du mal sortirait le bien, c'est-à-dire le rétablissement de la toute-puissance royale. C'est ainsi que Bailly, maire de Paris, ayant démissionné et La Fayette, royaliste constitutionnel, briguant sa succession, les intrigues de Marie-Antoinette amenèrent l'élection de *Pétion*, un Jacobin, auquel fut adjoint Danton, le chef des Cordeliers républicains. Les adversaires du roi se trouvèrent ainsi légalement les maîtres de Paris.

Le roi songeait du reste à rétablir son autorité par un moyen moins détourné et d'effet plus prompt : l'intervention armée des souverains étrangers. Déjà il négociait avec l'Empereur et le roi de Prusse auquel il écrivait « qu'un congrès armé serait le meilleur moyen d'intimider les factions et de rétablir un ordre de choses plus désirable ». Rien ne transpirait de ces négociations dont on n'a tenu les preuves que de nos jours : cependant beaucoup les soupçonnèrent, et bientôt l'on parla couramment parmi les députés, puis dans le peuple exaspéré, d'un « *comité autrichien* » qui, siégeant aux Tuileries et dirigé par Marie-Antoinette, complotait avec l'étranger contre la nation.

MARIE-ANTOINETTE EN 1792, par KUCHARSKY.

Collection du duc des Cars. — Photographie de Braun.

*Marie-Antoinette (1755-1793) fut très naturellement l'adversaire constante de la Révolution parce que fille de l'impératrice Marie-Thérèse, fiancée au dauphin de France, elle avait été élevée dans cette idée que les rois, représentants de Dieu, tiennent de Dieu une autorité absolue et ne doivent de comptes qu'à Dieu seul. Elle poussa sans cesse Louis XVI à résister et à essayer de reconquérir son ancienne toute-puissance par la force. Ce portrait est le dernier qui ait été fait de Marie-Antoinette reine de France. Le travail du peintre fut interrompu par l'insurrection du 10 Août. Le visage d'expression grave et triste est seul achevé : la coiffure, la chevelure blonde, le buste sont seulement ébauchés ou à peine indiqués en rapides coups de crayons.*

**LES ÉMIGRÉS** Ces soupçons étaient du reste confirmés par l'attitude des *émigrés*. On appelait ainsi les Français, des privilégiés pour la plupart, qui, à l'exemple des Protestants cent ans auparavant, lors de la révocation de l'édit de Nantes, avaient quitté le royaume plutôt que de se soumettre aux lois nouvelles. Du reste ils pensaient que leur exil serait de courte durée, comme le succès même de la Révolution.

L'émigration commença le lendemain même de la prise de la Bastille. L'exemple fut donné par le second frère du roi, le comte d'Artois, dont la tête avait été mise à prix au Palais

Royal, et par les princes de Condé ; ils partirent le 15 juillet 1789. Beaucoup de nobles les imitèrent, lorsque les paysans commencèrent la guerre aux archives féodales [1]. Mais l'émigration ne devint importante qu'en 1790 et en 1791 ; en 1790, après un décret de l'Assemblée qui abolissait les titres nobiliaires et blessa profondément l'amour-propre des nobles ; en 1791, après Varennes et la suspension du roi. Les nobles considérèrent alors que Louis XVI, étant prisonnier, n'était plus rien. Ils partirent donc en masse pour rejoindre à *Coblentz* le comte de Provence, qui avait réussi à gagner l'Allemagne et s'était proclamé régent pendant la captivité de son frère. La plupart des officiers, plaçant la fidélité à la royauté au-dessus de la fidélité à la Patrie, émigrèrent alors, et désorganisèrent par leur départ l'armée et la flotte. Au moment où l'Assemblée Législative commençait de siéger, les routes qui menaient vers la Belgique et l'Allemagne étaient, au témoignage d'un diplomate, encombrées d'émigrants. « On fait le compte, écrivait-il, que plus de vingt mille hommes en armes entourent les Princes français émigrés et qu'il en arrivera autant en moins d'un mois [2]. »

**LA DÉCLARATION DE PILNITZ**

Les émigrés, sous le commandement du prince de Condé, avaient en effet constitué autour de Trèves une petite armée. Ils se vantaient de venir bientôt rétablir le roi dans sa toute-puissance, avec l'appui des troupes de l'Empereur et du roi de Prusse. Ceux-ci avaient longtemps résisté aux instances du comte de Provence et du comte d'Artois. Pourtant, au mois d'août 1791, s'étant réunis au château de *Pilnitz*, en Saxe, l'empereur Léopold II, frère de Marie-Antoinette, et le roi de Prusse Frédéric-Guillaume II, se laissèrent entraîner à publier une déclaration relative aux affaires de France. Ils annonçaient l'intention d'agir en faveur de Louis XVI, *à condition toutefois que tous les souverains d'Europe fussent disposés à agir avec eux*. Par cette restriction la déclaration de Pilnitz était réduite à rien. Mais les émigrés et leurs amis demeurés en France et qui, au dire d'un diplomate, « ne remuaient et ne respiraient que par vengeance », s'emparèrent

1. Voir ci-dessus, page 42.

2. L'armée des émigrés ne monta jamais à vingt-cinq mille hommes. Mais le total des émigrés monta pour l'ensemble de la Révolution à près de cent cinquante mille personnes, quand se fut ajoutée, à l'émigration des nobles l'émigration des prêtres insermentés et des bourgeois catholiques, fuyant la guillotine, sous la Convention.

de la déclaration. Quand elle parvint à Paris, à la fin de septembre, à la veille de la réunion de la Législative, elle fut présentée comme la préface d'une intervention très prochaine. Les « aristocrates » pensaient intimider ainsi la France : ils ne réussirent qu'à exalter le sentiment national, à soulever contre eux des colères violentes, et à rendre le roi plus suspect.

**LES DÉCRETS**

Les divers faits qui viennent d'être exposés expliquent toute l'histoire de l'Assemblée Législative. Pour répondre aux menaces des émigrés, pour arrêter les troubles de l'Ouest, l'Assemblée rendit, du 31 octobre au 29 novembre, trois décrets concernant le comte de Provence, les émigrés, les prêtres réfractaires. Le comte de Provence, s'il n'était pas rentré sous deux mois en France, serait déchu de tous ses droits éventuels à la couronne. Les émigrés, déclarés « suspects de conjuration contre la patrie » seraient poursuivis comme tels et passibles soit de la confiscation, soit des peines portées contre les déserteurs, si leurs rassemblements n'étaient pas dissous au 1er janvier 1792. Enfin les prêtres réfractaires seraient tenus de prêter serment sous huit jours à la constitution civile, faute de quoi ils seraient considérés comme suspects et toute pension leur serait supprimée.

A ces trois décrets le roi opposa son *veto*. Il donna bien à ses frères, qui du reste refusèrent d'obéir, l'ordre de rentrer en France. Il vint bien à l'Assemblée déclarer qu'il était prêt à faire la guerre aux princes allemands qui favoriseraient la formation des rassemblements d'émigrés. Mais la nation vit seulement ceci : que le roi refusait de sanctionner les décrets portés contre les ennemis déclarés de la constitution, et nul ne douta plus qu'il fût leur complice.

**LA GUERRE**

Dans le même temps les relations avec le gouvernement autrichien devinrent telles que la guerre parut inévitable à brève échéance. Cette guerre, dont on verra plus loin les causes[1], était désirée du reste par tous les partis. Les Feuillants y voyaient un moyen de refaire par la victoire une popularité au roi ; les Girondins et les Jacobins y voyaient un moyen d'assurer le triomphe définitif de la Révolution à l'intérieur, et de répandre au dehors dans les pays de monarchie absolue et de société féodale, les idées de liberté et d'égalité.

1. Voir ci-dessous, chapitre VI.

Trouvant même que les événements traînaient en longueur, les Girondins et les Jacobins forcèrent Louis XVI à prendre un ministère composé de leurs amis, et dans lequel les affaires étrangères étaient confiées à un adversaire déterminé de l'Autriche, le général *Dumouriez*. Le 20 avril 1792, ce ministère, connu dans l'histoire sous le nom de ministère Girondin et que les contemporains appelèrent le ministère *sans-culotte*, faisait voter par l'Assemblée la guerre au roi de Bohême et de Hongrie.

La guerre débuta mal. A la frontière de la Belgique que l'on pensait enlever facilement à l'Autriche, l'armée française subit plusieurs échecs. Outre que l'armée était en partie désorganisée par l'émigration et l'agitation politique, les Autrichiens étaient informés par la trahison de Louis XVI et de Marie-Antoinette du plan de campagne arrêté en conseil des ministres. En même temps les troubles religieux s'aggravaient dans l'Ouest et le Midi. L'Assemblée voulut par des mesures énergiques parer au double danger extérieur et intérieur. Elle décréta (27 mai 1792) que tous les prêtres insermentés seraient déportés, c'est-à-dire emprisonnés dans une colonie. Elle ordonna la formation sous Paris d'un camp de vingt mille *fédérés*, c'est-à-dire de gardes nationaux volontaires (8 juin). Le roi refusa de sanctionner les décrets, et le 12 juin renvoya le ministère Girondin.

**JOURNÉE DU 20 JUIN**

Les Jacobins tentèrent alors d'intimider le roi et de l'amener, par la crainte, à sanctionner les décrets et à renoncer à ses intrigues secrètes. Sous prétexte de célébrer l'anniversaire du Serment du Jeu de Paume, le mardi 20 juin, ils poussèrent la population des faubourgs Saint-Antoine et Saint-Marceau à une grande manifestation. Deux colonnes, fortes chacune de plusieurs milliers de personnes, hommes armés de piques et coiffés du bonnet rouge, femmes endimanchées, enfants portant des bouquets se présentèrent à la Salle du Manège. Les manifestants remirent à l'Assemblée une pétition où ils déclaraient que la volonté de vingt-cinq millions d'hommes ne pouvait être entravée par la volonté d'un seul. « Si, par égard, nous le maintenons dans son poste, disaient-ils à propos du roi, c'est à condition qu'il le remplira constitutionnellement ; s'il s'en écarte, il n'est plus rien pour le peuple français. » Après que les manifestants eurent défilé devant l'Assemblée, ils forcèrent les portes des

Tuileries vers quatre heures, pénétrèrent jusqu'aux appartements du roi et défilèrent devant lui, réclamant la sanction et le rappel des ministres patriotes. « Monsieur, dit au roi un des chefs de la manifestation, un boucher nommé Legendre, vous êtes un perfide, vous nous avez toujours trompés, vous nous trompez encore. Mais prenez garde, la mesure est comble! »

Le défilé ne prit fin qu'à la nuit. Pendant les trois heures qu'il avait duré, le roi était demeuré impassible dans l'embrasure d'une fenêtre. Par hasard, sa volonté ne fléchit pas : il maintint le veto opposé aux décrets.

BONNET ROUGE ET PIQUE DE LA RÉVOLUTION.
Musée Carnavalet. — Photographies.

*Le bonnet est en feutre rouge avec une cocarde tricolore. Sa forme était imitée de celle de l'antique bonnet phrygien, symbole de l'affranchissement de l'esclave. Le bonnet rouge était la coiffure des* patriotes. *Louis XVI s'en coiffa dans la journée du 20 juin. Le patriote se distinguait en outre parce qu'il portait le* pantalon *au lieu de la culotte : de là son nom de* sans-culotte. *Il portait aussi une veste courte, la* carmagnole, *et des sabots de bois, quand on eut réquisitionné les chaussures de cuir pour l'armée.*

*Les piques, longues d'environ deux mètres, furent distribuées aux* gardes nationaux *pour remplacer les fusils indispensables aux armées.*

**LA PATRIE EN DANGER**

Dans un grand nombre de départements, quand on connut la journée du 20 juin, on protesta en faveur du roi. Si bien que la tentative des Jacobins eût peut-être servi Louis XVI, si deux événements n'avaient retourné l'opinion : ce furent, au début de juillet, l'entrée en ligne de nouveaux ennemis, les Prussiens; puis quelques semaines plus tard, la publication par leur commandant en chef, le duc de Brunswick, d'un manifeste outrageant pour la France.

Quand elle apprit la prochaine arrivée de l'armée prussienne à la frontière de Lorraine, l'Assemblée, le 11 juillet, proclama la

*Patrie en danger*. Elle ordonna une levée générale de volontaires, la réquisition des armes et des munitions, la mise « en état d'activité permanente » de tous les gardes nationaux. Ces décrets, appliqués par toute la France, apprirent à la population, qui l'ignorait en majorité, la grandeur du péril : ils firent comprendre la nécessité des mesures exceptionnelles et le danger des résistances du roi.

**LE MANIFESTE DE BRUNSWICK**

Le 28 juillet, on connut à Paris le manifeste qu'avait publié quelques jours plus tôt, au moment de franchir la frontière, le duc de Brunswick, généralissime des armées prussienne et autrichienne. Dans ce document, rédigé par un émigré, il était dit que tout garde national pris les armes à la main, tout habitant « qui oserait se défendre » contre les envahisseurs, serait puni « comme rebelle au roi ». Au cas où le roi serait outragé de nouveau aux Tuileries, Paris serait livré « à une exécution militaire et à une subversion totale ». Ce texte aussitôt connu était commenté en ces termes par un journal royaliste : « Le voilà donc publié, ce manifeste que nous attendions avec tant d'impatience ! C'est l'éclair qui précède la foudre. Il est temps que la gendarmerie vienne dire son mot. »

De pareilles menaces ne pouvaient que soulever Paris et la France entière, dans un élan de colère patriotique, contre l'étranger et contre le roi, évidemment complice.

**LE 10 AOUT**

La présence à Paris des délégués venus de tous les départements pour l'anniversaire de la Fédération, donna à l'insurrection un caractère national. Parmi ces fédérés un corps de huit cents Marseillais joua un rôle particulièrement actif. Ils étaient entrés à Paris en chantant l'hymne guerrier que venait de composer pour l'armée, à Strasbourg, un jeune officier du génie, *Rouget de l'Isle*. Cet hymne qui devait conduire les armées françaises à la victoire et devenir l'hymne national, s'appela dès lors la *Marseillaise*.

L'insurrection fut préparée à l'Hôtel de Ville par la municipalité — on disait alors la *Commune*. Dès le 3 août, le maire Pétion venait au nom de Paris demander à l'Assemblée la déchéance du roi. L'Assemblée hésita parce qu'elle restait, malgré tout, en majorité monarchiste.

Alors dans la nuit du mercredi 9 au jeudi 10 août, les délégués des *sections* — une division administrative particulière à Paris — installèrent à l'Hôtel de Ville une *Commune insurrectionnelle*, véritable gouvernement provisoire dont le personnage le plus actif fut Danton. Cette commune fit arrêter le comman-

L'HÔTEL DE VILLE DE PARIS AU DIX-HUITIÈME SIÈCLE.

Photographie d'un tableau de François RAGUENET, date de 1753. Musée Carnavalet.

*L'Hôtel de Ville où siégeait la* Commune, *c'est-à-dire la Municipalité parisienne, a été le centre d'organisation des grandes* journées révolutionnaires. *Au premier plan la Seine, puis un plan incliné servant de port et formant la* place de Grève : *c'était, sous l'ancien régime, le centre des réjouissances populaires, feux de la Saint-Jean, feux d'artifices, le lieu de rassemblement des ouvriers en quête de travail, et des exécutions. Les maisons à droite et à gauche de l'Hôtel de Ville étaient demeurées les mêmes qu'au Moyen Age : elles formaient au rez-de-chaussée une galerie, des piliers soutenant les étages qui faisaient saillie. L'Hôtel de Ville, qui avait été lui-même autrefois une* maison aux piliers. *datait du seizième siècle, il avait été commencé sous François Ier en* 1533, *sur les plans de* Pierre Chambiges, *et terminé sous Henri IV. C'était une des œuvres les plus charmantes de la Renaissance. Agrandi sous Napoléon III* (1852-1870), *il fut brûlé en* 1871 *à la fin de l'insurrection de la* Commune. *L'Hôtel de Ville actuel en est une reproduction agrandie. Derrière, on aperçoit les tours de l'église St-Gervais.*

dant de la garde nationale dévoué au roi, et cassa la Commune légale. Par son ordre le tocsin sonnait à tous les clochers : l'armée insurrectionnelle, Marseillais, gardes nationaux des départements et de Paris, ouvriers, se formait dans les faubourgs Saint-Antoine et Saint-Marceau. A neuf heures du matin l'avant-garde arrivait par la cour du Carrousel au Palais des Tuileries. Vers dix heures le roi avec la famille royale quittaient le Palais par les jardins et venaient demander asile à l'Assemblée.

Presque aussitôt le combat commençait entre les insurgés et les défenseurs du Palais, 2500 hommes environ dont 1200 gardes suisses. Ce furent ces derniers qui soutinrent tout l'effort d'une lutte que Louis XVI essaya vainement d'arrêter, en envoyant aux Suisses, dès la première décharge, l'ordre de cesser le feu. En une heure les Tuileries furent forcées : tout y fut saccagé : mais les insurgés ne laissèrent rien voler. La bataille avait fait cinq mille victimes environ.

**SUSPENSION DU ROI**

L'Assemblée, quand la victoire des insurgés fut certaine, considéra que sa mission était terminée, l'un des pouvoirs établis par la Constitution, l'exécutif, se trouvant renversé par le peuple. Elle considéra qu'il était dès lors nécessaire « de recourir à la souveraineté nationale » et décréta que le peuple français, *sans distinction de citoyens actifs ou passifs*, serait invité à former une *Convention* — c'était le nom qu'on donnait alors aux assemblées constituantes. Puis elle décréta la suspension du roi, laissant à la Convention future le soin de prononcer « sur les mesures qu'elle croira devoir adopter pour assurer la souveraineté du peuple et le règne de la liberté et de l'égalité ». Jusque-là la famille royale serait internée au Palais du Luxembourg. L'Assemblée nommait en même temps un *Conseil exécutif provisoire* dont le principal personnage fut Danton.

**LE GOUVERNEMENT DE LA COMMUNE**

En fait, après le 10 août et jusqu'à la réunion de la Convention un mois et demi plus tard, il n'y eut d'autre gouvernement que les Jacobins et la Commune insurrectionnelle. Les Jacobins par les sociétés affiliées gouvernèrent les départements; la Commune insurrectionnelle gouverna Paris et domina l'Assemblée. C'est ainsi que malgré l'Assemblée, elle transforma l'internement de Louis XVI et de la famille royale au Palais du Luxembourg, en emprisonnement dans la vieille tour du Temple. Au 10 août, Paris prit donc une fois de plus la direction du mouvement révolutionnaire. Il continua de le diriger *même sous la Convention*; pendant deux ans jusqu'au 27 juillet (9 thermidor 1794), la Commune demeura l'un des pouvoirs essentiels de l'État.

Le Palais des Tuileries vu de la cour du Carrousel.

D'après un dessin de Monnet, représentant le combat du 10 août 1792, et des photographies prises en 1868.

*Le Palais des Tuileries, construit au seizième siècle par* Philibert de l'Orme *pour Catherine de Médicis, plusieurs fois transformé et agrandi d'une série de pavillons, servit de résidence à Louis XVI du 6 octobre 1789 au 10 août 1792. En 1793, la Convention y tint ses séances. Habité par tous les souverains de la France au dix-neuvième siècle, à partir de Napoléon Ier, il fut brûlé, comme l'Hôtel de Ville, en 1871, par les insurgés de la Commune. La cour actuelle du Carrousel, par où le peuple attaqua le 10 août, était alors divisée en trois cours et entourée complètement de murs. On voit l'un de ces murs à gauche devant l'amorce de la galerie du Louvre, dite du* bord de l'eau. *L'Arc de triomphe actuel ne fut construit que sous Napoléon Ier. La partie du Louvre qui borde la rue de Rivoli et la rue de Rivoli elle-même n'existaient pas.*

**LES MASSACRES DE SEPTEMBRE**

C'est à cette Commune qu'incombe la responsabilité des massacres de Septembre, trois semaines après le 10 Août.

Pendant la mise à sac des Tuileries, on avait trouvé des papiers établissant que le roi fournissait de l'argent sur sa liste civile aux chefs de l'émigration et à leur armée. Le peuple, exaspéré déjà par le grand nombre des victimes de la bataille, vit dès lors dans tous les défenseurs de Louis XVI, des complices de Brunswick. Il réclama leur châtiment. La Commune fit procéder à de multiples arrestations, et dès le 15 août les prisons étaient pleines de « suspects ».

Coup sur coup on apprit que La Fayette, commandant à Sedan, essayait d'entraîner son armée sur Paris (14 août), puis désertait (20 août); on apprit l'entrée des Prussiens en Lorraine (19 août), la prise de Longwy (23 août) et l'investissement de Verdun (30 août). Cette place, la dernière qui couvrît Paris, ne pouvait, on le savait, tenir plus de deux jours.

Aussi quand la nouvelle de l'investissement parvint à Paris, le samedi 2 septembre au matin, la population s'affola. Les mesures prises aussitôt par la Commune accrurent encore l'affolement. Elle faisait sonner le tocsin, tirer le canon d'alarme, battre la générale: elle déployait sur la façade de l'Hôtel de Ville un immense drapeau avec cette inscription : *La Patrie est en danger*. Elle invitait les Parisiens à former une armée de 60000 hommes. Devant cette mise en scène tragique, dans le bourdonnement des cloches et du canon, les nerfs achevaient de se détraquer et personne ne gardait plus son sang-froid. Alors un ancien médecin du comte d'Artois, journaliste haineux et sanguinaire, *Marat*, fit afficher des placards invitant le peuple à exécuter lui-même, avant de partir pour la frontière, les ennemis du dedans, c'est-à-dire les prisonniers royalistes. Sinon les femmes et les enfants qu'on allait laisser seuls dans Paris, seraient à la merci de ces scélérats et périraient poignardés par eux.

Ces fables absurdes trouvèrent créance. Le massacre des prisonniers commença vers deux heures après-midi, au couvent des *Carmes*. Pendant quatre jours et quatre nuits, jusqu'au 6 septembre, sous la direction de quelques membres de la Commune parmi lesquels Marat s'était glissé, des bandes d'égorgeurs, poursuivirent méthodiquement la hideuse besogne dans toutes les prisons, à *l'Abbaye*, à la *Force*, etc.[1]. La Commune elle-même ne fit

1. Voir ci-dessus, le plan de Paris, p. 37.

rien pour les empêcher. L'Assemblée ne s'émut que le 3 au soir : elle blâma les massacres, mais ne disposant d'aucune force elle ne put en empêcher la continuation. Ces abominations ne prirent fin que quand les prisons furent vides. Un millier de personnes, des vieillards, des prêtres, des femmes, avaient péri.

LA TOUR DU TEMPLE.

D'après une aquarelle de la période révolutionnaire.

*La législative avait ordonné que le roi et la famille royale fussent internés au Palais du Luxembourg. La Commune, qui en fait fut le vrai gouvernement jusqu'à la réunion de la Convention, transféra, de sa seule autorité, le roi et les siens à la Tour du Temple, une vraie prison.*

*La Tour était l'ancien donjon et le dernier reste du puissant château que les Templiers possédèrent dans Paris jusqu'à la destruction de leur ordre par Philippe le Bel et le pape Clément V en 1312. — Voir Moyen Age, page 130 — Louis XVI y fut emprisonné avec sa femme Marie-Antoinette, sa sœur Mme Élisabeth, guillotinées l'une en 1793, l'autre en 1794, avec sa fille Mme Royale remise à l'Autriche en 1795 et plus tard duchesse d'Angoulême, enfin avec son fils le jeune dauphin Louis XVII qui ne fut point, malgré la légende, martyrisé par son gardien, le cordonnier Simon, et dont on ne peut dire avec certitude s'il mourut au Temple en 1795 ou s'il en fut enlevé par des amis dévoués.*

Les massacres de Septembre eurent une conséquence politique fort importante : ***ils détachèrent définitivement les Girondins du parti Jacobin.*** Les Girondins s'élevèrent contre cette boucherie et dans la suite demandèrent le châtiment de son instigateur Marat. Les Jacobins, parmi lesquels cependant Danton aurait voulu empêcher les massacres, affectèrent en général de paraître indifférents. Quinze jours plus tard, le mercredi 20 septembre, l'Assemblée Législative se séparait, cédant la place à la Convention. Le jour même l'armée de Dumouriez et de Kellerman arrêtait les Prussiens à **Valmy** et sauvait la France.

# CHAPITRE IV

## LA RÉPUBLIQUE

### I

### *LA CONVENTION — LE GOUVERNEMENT RÉVOLUTIONNAIRE*

La **Convention nationale** a siégé pendant trois ans, du 21 septembre 1792 au 26 octobre 1795. Réunie pour donner à la France une constitution nouvelle, elle abolit la royauté (21 septembre 1792) *établit la République*, jugea et condamna à mort Louis XVI (janvier 1793) et rédigea la constitution de 1793 ou *constitution de l'an I* (juin 1793). Ayant à faire face à l'Europe entière, à défendre la Patrie envahie et la République menacée par de redoutables insurrections, elle renvoya à la paix la mise en vigueur de la constitution et organisa un gouvernement de dictature, le *gouvernement révolutionnaire*, dont le rouage essentiel fut le *Comité de Salut public*. Afin de briser toute résistance intérieure et de tendre toutes les forces de la France contre l'étranger, le gouvernement révolutionnaire établit le *régime de la Terreur* (septembre 1793). Ce régime dura dix mois, maintenu par les rancunes et les ambitions de Robespierre, alors que tout péril extérieur et intérieur était conjuré. Après la chute de Robespierre (27 juillet 1794-9 thermidor), la Convention détruisit peu à peu le gouvernement révolutionnaire, vota une troisième constitution, la *constitution de l'An III* (17 août 1795), et se sépara pour céder la place au nouveau gouvernement créé par elle, le *Directoire*.

L'histoire de la Convention comporte en outre un certain nombre d'épisodes tragiques, résultats des luttes des partis qui composaient l'Assemblée et des rivalités des hommes qui la dirigeaient. On eut d'abord *la lutte des Montagnards et des Girondins* : ceux-ci succombèrent le 2 juin 1793. Puis les Montagnards se divisèrent et Robespierre abattit successivement les

*Hébertistes* (24 mars 1794) et les *Dantonistes* (5 avril 1794). Robespierre à son tour, après avoir exercé une véritable dictature, *fut renversé le 27 juillet* 1794 (9 thermidor). La dernière partie de l'existence de la Convention fut marquée par des *ten-*

CARTE D'ÉLECTEUR POUR LA CONVENTION.

Photographie d'un original conservé à la Bibliothèque nationale.

*Les élections à la Convention furent les premières faites au suffrage universel, les conditions d'électorat établies par la Constitution de 1791 ayant été supprimées par la Législative le soir du 10 août. La carte électorale était beaucoup plus simple qu'aujourd'hui; elle ne donnait ni l'âge, ni la profession, ni le domicile, mais simplement le nom de l'électeur. La présente carte est signée de Collot d'Herbois qui fut plus tard membre du Comité de Salut public et l'un des plus impitoyables parmi les* Terroristes.

*tatives de coups de force populaires* (1er avril et 20 mai 1795-12 germinal, 1er prairial) *ou royaliste* (5 octobre 1795-3 vendémiaire) provoquées soit par la famine, soit par la préparation de la constitution de l'an III.

**LA CONVENTION**

Élue en vertu d'un décret de l'Assemblée législative, rendu le 10 août au soir, la Convention comptait sept cent quarante-neuf députés. Les élections s'étaient faites à deux degrés, mais la distinction des citoyens actifs et passifs avait été supprimée, le *cens* aboli, l'âge de l'électorat abaissé à vingt et un ans, en sorte que l'on eut à peu près le suffrage universel. Toutefois le nombre des électeurs qui votèrent fut singulièrement restreint. *Les Jacobins, seuls organisés, furent les maîtres des élections.* En maints endroits ils intimidèrent les modérés et éloignèrent du scrutin par la violence ceux qu'ils jugeaient leurs adversaires. D'après certains calculs, sur sept millions d'électeurs devant composer les assemblées primaires, plus de six millions trois cent mille se seraient abstenus. La Convention en ce cas représentait à peine un dixième des électeurs.

**LES PARTIS**

**B**ien qu'une partie des députés fussent d'anciens constituants, la Convention était de tendances beaucoup plus démocratiques que la Législative. D'abord il ne s'y trouvait plus de monarchistes constitutionnels ou Feuillants. En revanche, les Cordeliers démocrates y avaient de nombreux représentants.

Les *Girondins*, nettement distingués des Jacobins, siégèrent à droite. A gauche se placèrent les Jacobins et les Cordeliers : ils formèrent ensemble le parti des *Montagnards*. Ce nom leur fut donné parce que beaucoup d'entre eux siégeaient sur les bancs les plus élevés de la salle. Entre les Girondins et les Montagnards, au centre, la masse des députés, gens hésitants, prêts à céder à l'influence des plus énergiques, forma la *Plaine*, également appelée avec une intention méprisante le *Marais*.

Entre les Girondins et les Montagnards il n'existait de différences d'opinion très tranchées qu'en un point : *le rôle de Paris dans l'État*. Les Girondins étaient pour la plupart députés des départements et provinciaux; ils représentaient la Provence, la Guyenne, le Limousin, la Bretagne, la Normandie, la Picardie. Provinciaux, ils se méfiaient de Paris, qui depuis les journées d'octobre 1789 avait mené la Révolution et dominé la Constituante et la Législative; ils ne voulaient pas lui laisser dominer la Convention, *ils ne voulaient pas de la dictature de la Commune*. Selon les paroles prononcées par l'un d'eux, dans une des premières séances, ils entendaient que « Paris fût réduit à un quatre-vingt troisième d'influence comme chacun des autres départements ».

Les Montagnards, au contraire, appuyés par la Commune et les clubs, voulaient faire de Paris le cerveau et le cœur de la France; *le pays tout entier devrait subir et servir l'action de sa capitale.*

En outre, entre les chefs des deux partis il existait de profondes dissemblances de caractères que certains mots résument de façon saisissante : « Plutôt la mort que le crime », dira le Girondin Vergniaud. Danton le Montagnard répondra : « Dussent nos noms être flétris, nous sauverons la liberté. — Soyez comme la nature, dira-t-il encore : elle voit la conservation de l'espèce ; ne regardez pas les individus. » Les Girondins avaient *le souci de la légalité*, et le respect des formes légales. Pour les Montagnards le *salut public*, forme républicaine *de la raison d'État*, devait tout primer ; nulle mesure d'exception ne devait leur paraître excessive s'ils la jugeaient nécessaire pour sauver la République et la France.

De ces oppositions de caractères devaient résulter de redoutables haines ; haines des Girondins contre les trois personnages principaux de la Montagne, Marat, Robes-

DANTON (1759-1794).
Photographie d'un dessin de DAVID. — Collection Jubinal de Saint-Albin.

*Jacques Danton, né à Arcis-sur-Aube, était avocat au Parlement de Paris quand éclata la Révolution. De tendances démocratiques, il fonda le club des Cordeliers ; après Varennes il fut l'un des auteurs de la pétition du Champ de Mars et fut un moment poursuivi à ce sujet ; une amnistie, votée par la Constituante avant de se séparer, arrêta les poursuites. En 1792, élu* substitut du procureur de la Commune, — *une sorte d'adjoint au maire — il fut le principal organisateur du 10 août. Ministre de la justice dans le comité exécutif provisoire, il fut en fait le ministre principal et dirigea habilement la politique étrangère. Député à la Convention, il essaya de réunir tous les partis en face de l'étranger. Il dirigea le Comité de Salut public jusqu'en juillet 1793, et demanda l'abolition du régime de la Terreur dès que la France lui parut hors de péril. Il succomba sous la jalousie haineuse de Robespierre qui le fit envoyer à l'échafaud (avril 1794) ; il avait trente-cinq ans. Il fut avec Mirabeau, qu'il rappelait par sa puissante laideur, le plus remarquable des orateurs de la Révolution. Incapable de haine, ni même de rancune, patriote ardent, il fut de tous ses contemporains celui qui eut le plus des qualités qui font les grands hommes d'État.*

pierre et Danton, qu'ils accusaient d'aspirer à la dictature; haines, impossibles à apaiser, de Marat et de Robespierre contre les Girondins. Quant à Danton, en face du péril extérieur, il aurait voulu réconcilier les deux partis et les réunir dans un même dévouement passionné à la chose publique. Ses efforts devaient être vains et les Girondins devaient obstinément repousser toutes ses avances.

**LA RÉPUBLIQUE**

Aussitôt réunie la Convention, le jeudi 21 septembre, abolit la royauté. Le décret fut rendu à l'unanimité. Le soir Paris fut illuminé, et le peuple donna son nom au nouveau régime en criant : « Vive la République! » L'acclamation populaire fut ratifiée le lendemain par la Convention; elle décréta que les actes publics seraient dorénavant datés de l'*an premier de la République*. Le 25 septembre, un nouveau décret proclamait la République française « *une et indivisible* ».

**PROCÈS ET MORT DU ROI**

La royauté abolie, il restait à régler le sort du roi. Dès le début d'octobre des pétitions envoyées des départements réclamaient sa mise en jugement pour crime de trahison. On objecta qu'en vertu de la Constitution de 1791, le roi était inviolable et irresponsable. Les partisans du procès déclarèrent qu'il n'y avait pas à se préoccuper de la loi : « Il n'y a pas ici de procès à faire, dit Robespierre... Vous n'avez pas une sentence à rendre pour ou contre un homme, mais une mesure de salut public à prendre, un acte de providence nationale à exercer. » A la fin de novembre sur les indications d'un serrurier, on découvrit aux Tuileries une armoire à porte de fer, où se trouvèrent de nouvelles et abondantes preuves des relations de Louis XVI avec les émigrés. Le procès fut dès lors inévitable. Il commença le 11 décembre et se termina le 20 janvier. Malgré l'éloquent plaidoyer de l'avocat *de Sèze*, la Convention déclara « *Louis Capet* » coupable de conspiration contre la liberté de la Nation et d'attentat contre la sûreté de l'État. Comme tel elle le condamna à mort. Le 20 janvier, à trois heures du matin, elle décida que la sentence serait exécutée dans les vingt-quatre heures.

Le dimanche 21 janvier, sur la place Louis XV devenue la place de la Révolution, aujourd'hui la place de la Concorde, au milieu d'un carré de troupes et de gardes nationaux, la guillotine était dressée face aux Tuileries. Louis XVI monta à l'échafaud à dix heures. Il essaya de parler au peuple qui se pressait derrière les soldats. Un roulement de tambour couvrit sa voix. Il mourut avec le tranquille courage d'un chrétien.

Dernier portrait de Louis XVI (18 janvier 1793).

Photographie d'un crayon de Ducreux. Musée Carnavalet.

*Ce portrait fut dessiné trois jours avant l'exécution de Louis XVI, par l'un des commissaires chargés de surveiller le prisonnier. La reproduction photographique a atténué les rides profondes qui sillonnent ce visage grave, empreint d'un air de dignité un peu hautaine et d'une fermeté qui manqua au roi pendant tout son règne, mais ne lui fit défaut ni pendant son procès ni sur l'échafaud. Il avait trente-neuf ans quand il mourut : il avait régné dix-huit ans.*

**CONSÉQUENCES DE L'EXÉCUTION DU ROI**

L'exécution de Louis XVI accrut redoutablement les périls où la France était engagée. *Toutes les grandes puissances adhérèrent à une coalition* qui comprit l'Autriche, la Prusse, la Russie, l'Angleterre, l'Espagne, la Hollande, les états de l'Empire et de l'Italie (février - mars). En France même *cent mille paysans vendéens se soulevèrent*. Aux armées, Dumouriez se déclara contre la Convention et prépara un coup d'état dont le patriotisme des troupes empêcha heureusement l'exécution (25 mars-1er avril).

Pour parer à tant de dangers, la Convention ordonna une levée de 300000 hommes, créa un *Comité de Sûreté générale* pour rechercher les suspects; un *Tribunal révolutionnaire* pour les punir (10 mars 1793) : enfin, le 6 avril, un *Comité de Salut public* qui disposa souverainement des moyens de défense intérieure et extérieure et dont Danton fut le véritable chef. Elle décrétait en même temps la peine de mort contre les émigrés et les prêtres réfractaires.

**LUTTE DE LA COMMUNE ET DES GIRONDINS**

Ces mesures furent prises au milieu des plus violentes discussions entre Montagnards et Girondins. La lutte devint passionnée à la fin d'Avril, et sous l'impulsion de Marat et de Robespierre, la Commune engagea un combat sans merci contre les Girondins. A une série de mesures illégales prises par elle, les Girondins ripostèrent au milieu de Mai en faisant instituer un Comité de Douze membres, chargé de faire une enquête sur les actes de la Commune. Ce *Comité des Douze* fit arrêter l'un des membres de la Commune, *Hébert*, rédacteur en chef du *Père Duchêne*, un journal de démagogie violente et platement grossier. La Commune, le 25 Mai, réclama sur un ton menaçant la mise en liberté d'Hébert. *Isnard*, député girondin, alors président de la Convention, refusa en termes menaçants : « Si par ces insurrections toujours renaissantes, dit-il, il arrivait qu'on portât atteinte à la représentation nationale, je vous le déclare au nom de la France entière, bientôt on chercherait sur les rives de la Seine, si Paris a existé ». C'était comme un manifeste de Brunswick girondin. La Commune répondit aux Girondins, comme elle avait répondu à Brunswick.

**CHUTE DES GIRONDINS**

Le jeudi 31 Mai la Commune se proclamait en insurrection. Elle nommait sans en avoir le droit un commandant en chef de l'armée de Paris, *Hanriot*, un aventurier tout dévoué à Robespierre ; elle se faisait prêter serment par les gendarmes comme si elle était le gouvernement, et elle attribuait une solde de quarante sous par jour aux ouvriers qui se tiendraient réunis en armes dans les sections. L'armée de l'émeute ainsi organisée envahit la Convention et imposa la suppression du Comité des Douze.

Toutefois les députés girondins siégeaient toujours dans l'Assemblée, et pouvaient en appeler aux départements des violences de la Commune insurgée. Deux jours plus tard, le samedi 2 juin, la Commune fit cerner la Convention par quatre-vingt mille hommes avec soixante canons, et réclama l'arrestation de vingt et un députés girondins. L'Assemblée essaya de résister : sortant en corps des Tuileries où elle siégeait, elle tenta de forcer le cordon d'investissement. Aussitôt Hanriot commanda : « Canonniers, à vos pièces ! » La Convention céda : elle décréta l'exclusion de vingt-sept de ses membres qui seraient tenus en surveillance à leurs domiciles. Les Montagnards étaient désormais maîtres de l'Assemblée.

PLACE LOUIS XV — PLACE DE LA RÉVOLUTION.
Photographie d'un dessin de 1775 gravé par Née en 1781. — Bibliothèque Nationale.

*La place Louis XV, aujourd'hui place de la Concorde, était ainsi nommée parce qu'elle avait été créée sous Louis XV, dont on aperçoit la statue équestre au centre du dessin ; cette statue est aujourd'hui remplacée par un obélisque apporté d'Égypte sous Louis-Philippe* (1830-1848). *A droite la Seine : au premier plan l'entrée de l'avenue des Champs-Élysées ; à gauche les deux hôtels à colonnades, construits par Gabriel* — voir Temps Modernes, *page 315 — de chaque côté de l'entrée de la rue Royale. Le second au fond est aujourd'hui le ministère de la marine. Au fond, le jardin des Tuileries avec son grand jet d'eau, et la silhouette très noire du palais lui-même, aujourd'hui disparu. La place était alors entourée de fossés, aujourd'hui comblés et dans lesquels, en 1770, plusieurs centaines de personnes avaient péri écrasées à la suite d'une panique, pendant un feu d'artifice tiré à l'occasion du mariage de Louis XVI et de Marie-Antoinette. L'échafaud où tous les deux montèrent était dressé face aux Tuileries, un peu à gauche de la statue de Louis XV qu'on avait renversée.*

**LA CONSTITUTION DE 1793**

Ils ne l'étaient pas de la France. Le coup d'état du 2 juin provoqua dans plusieurs grandes villes, à Marseille, à Lyon, à Bordeaux, à Caen, dans la Normandie, la Provence et le Languedoc, des insurrections contre la dictature de la Commune. En comptant les départements Vendéens, *soixante départements*, les trois quarts de la France, *étaient en armes contre Paris*.

Pour désarmer les insurgés et calmer les méfiances des départements à l'égard de Paris, les Montagnards procédèrent en treize jours — du 11 au 24 juin — au vote d'une nouvelle constitution. Cette constitution, dont le seul mérite était d'établir le suffrage universel, exagérait encore la décentralisation néfaste établie par la constitution de 1791. Elle détruisait tout pouvoir exécutif et soumettait jusqu'aux votes de l'Assemblée Législative à la ratification directe du peuple : c'était le système du *referendum*.

Précisément parce qu'elle détruisait tout moyen d'action de Paris sur les départements, la constitution de 1793 ou *constitution de l'An I*, fut accueillie avec enthousiasme dans les départements, et le péril de l'insurrection girondine se trouva conjuré.

**LA DICTATURE DE LA CONVENTION**

Mais au moment où la constitution était votée, sans parler des départements insurgés, la frontière était forcée sur tous les points. Les Espagnols étaient dans les Pyrénées orientales; les Anglais occupaient Toulon au Sud et assiégeaient Dunkerque au Nord; les Autrichiens avaient pris Condé et Valenciennes; les Prussiens repoussaient nos armées en Alsace. Comme le disait un Conventionnel, « la République n'était plus qu'une grande ville assiégée : il fallait que la France ne fût qu'un vaste camp retranché ». Dans de telles circonstances l'application de la Constitution anarchique de l'an I eût entraîné la ruine de la Patrie. Le péril fut écarté grâce à Robespierre et aux Jacobins, qui surent persuader aux délégués des départements venus à Paris pour proclamer l'acceptation de la Constitution, de demander eux-mêmes l'ajournement de sa mise en vigueur. Le 10 octobre 1793, la Convention décréta donc que « le *gouvernement provisoire de la France serait révolutionnaire jusqu'à la paix* » et qu'elle serait elle-même « *le centre unique de l'impulsion du gouvernement* ». La dictature de la Convention était désormais établie. L'Assemblée se hâta d'organiser, sous le nom de *gouvernement révolutionnaire*, un régime plus arbitraire, plus absolu, plus centralisé que ne l'avait jamais été le régime monarchique, même sous Richelieu et sous Louis XIV.

**LE GOUVERNEMENT RÉVOLUTIONNAIRE**

Les organes principaux du gouvernement révolutionnaire furent les Comités dits de gouvernement, c'est-à-dire le *Comité de Salut public* et le *Comité de Sûreté générale*; le *Tribunal révolutionnaire*; les *Représentants en mission*; les *Comités révolutionnaires*. Enfin les deux mille Sociétés affiliées aux Jacobins furent les énergiques auxiliaires du gouvernement.

**LE COMITÉ DE SALUT PUBLIC**

Le Comité de Salut public, créé au mois d'avril 1793, dirigé depuis lors par Danton, fut réorganisé au mois de juillet après la chute des Girondins et passa alors sous la direction de Robespierre. Danton en fut écarté parce qu'il avait blâmé l'attentat du 2 juin. Au début le Comité était uniquement chargé des affaires extérieures et de la guerre : mais il concentra très vite en lui tous les pouvoirs, et

SALLE DES SÉANCES DE LA CONVENTION AUX TUILERIES.
D'après un dessin de DUPLESSIS-BERTAUX et un dessin de MONNET.
Bibliothèque nationale.

*Les deux dessins qui ont servi à établir cette restitution représentent l'un et l'autre un épisode de la fin de l'histoire de la Convention, l'invasion de la salle par les faubourgs le 20 mai — 1er Prairial — 1795. La Convention siégea d'abord au Manège comme la Législative. La disposition de la salle étant détestable — voir ci-dessus, page 69, la salle des Jacobins — une salle nouvelle fut établie au palais des Tuileries dans l'ancienne salle de spectacle construite par ordre de Louis XV, et où avait eu lieu l'apothéose de Voltaire un peu avant sa mort en 1778. La Convention put prendre possession de la salle le 10 mai 1793. Les loges en deux étages pouvaient recevoir de sept à huit mille auditeurs. Cette salle est la première dont les dispositions intérieures soient semblables à celles de nos salles actuelles. A gauche le* bureau *du président; en avant et au-dessous la* tribune. *Au-dessus du bureau, un faisceau de lances symbolisant la République une et indivisible; un trophée de drapeaux tricolores : à gauche et à droite la statue de Lycurgue et de Solon, les grands législateurs grecs. Au-dessous, la Déclaration des droits de l'homme, aujourd'hui conservée à Carnavalet.*

devint un dictateur à plusieurs têtes. Il était composé de douze membres élus pour un mois, mais indéfiniment rééligibles. Les mêmes personnes l'ont presque toujours composé. Les plus célèbres de ses membres furent avec *Robespierre*, Couthon, Saint-Just, Collot d'Herbois, occupés de la politique générale; **Carnot**, occupé de l'armée et des opérations de guerre; Jeanbon Saint-André, de la marine; **Cambon**, des finances. *Barère* dirigeait les affaires étrangères et rédigeait les rapports pour la Convention. En 1811, Stein, un ministre du roi de Prusse, résumait en ces mots l'impression que lui laissait l'histoire du Comité de Salut public : « Le Comité de Salut public est odieux; mais il n'en mérite pas moins d'être admiré et pris pour exemple par l'énergie qu'il a mise à organiser et à développer les forces de la nation. »

**LE TRIBUNAL RÉVOLUTIONNAIRE**

Le Comité de Sûreté générale à Paris, les Comités révolutionnaires dans chaque commune, étaient spécialement chargés de surveiller les suspects, et d'ordonner leur arrestation. Le Tribunal révolutionnaire siégeant à Paris, au Palais de Justice, était chargé de les juger. Les membres du Tribunal, nommés par le Comité de Salut public étaient en fait les serviteurs de ses volontés. Leurs jugements étaient sans appel et immédiatement exécutoires. La procédure était des plus expéditives : « L'acte d'accusation, a écrit un contemporain, était signifié à l'accusé à dix heures du matin pour paraître au tribunal à onze heures ou midi; on était jugé à deux heures et le jugement était exécuté avant quatre. »

**LES REPRÉSENTANTS EN MISSION**

Les auxiliaires les plus précieux du Comité de Salut public furent les Représentants en mission. Choisis parmi les députés de la Convention, ils rappelaient les intendants de Richelieu[1], mais avec des pouvoirs infiniment plus étendus et plus redoutables. Le Comité les envoyait partout, à la frontière, aux armées, dans les départements. Carnot chargeait à la tête de l'infanterie à Wattignies[2]; Barras assistait à la prise de Toulon; Couthon, Fouché, détruisaient Lyon. Lebon à Arras, Carrier à Nantes épouvantaient la France et l'histoire par leurs atrocités.

1. Voir les *Temps Modernes*, page 214.
2. Voir ci-dessous, chapitre VI.

21 Brumaire

TRIBUNAL CRIMINEL

Révolutionnaire établi par la Loi du 10 mars 1793, l'an 2e. de la République.

L'exécuteur des Jugemens criminels ne fera faute de se rendre Demain 21 dudit Brumaire 1793, à la Maison de Justice pour y mettre à exécution le jugement qui condamne Jean Silvain Bailly ex maire de Paris

à la peine de Mort

l'exécution aura lieu à unze heures du Matin sur la place de Lesplanade entre le Champ de Mars et La Rivière de Seine

l'Accusateur public.

A. Q. Fouquier

Au Tribunal ce 20 Brumaire de l'an 2

L'on suivra la route ordinaire cest a dire par la rue St honnoré et le pont de la revolution.

UN ORDRE D'EXÉCUTION DU TRIBUNAL RÉVOLUTIONNAIRE.
Fac-similé de l'ordre d'exécution de Bailly, rédigé et signé par Fouquier Thinville, accusateur public. Ce document est conservé au Musée Grévin.

**LES SOCIÉTÉS POPULAIRES**

Les sociétés des Jacobins, transformées en *Sociétés populaires* collaboraient, elles aussi, à l'œuvre du Comité de Salut public. Les Représentants en mission se renseignaient auprès d'elles, les traitaient comme si elles étaient l'un des pouvoirs publics. Telle société populaire d'un village d'Auvergne recevait de Couthon le droit de lever à son profit, sur les gens riches de la commune, une imposition de mille livres. Ces sociétés s'arrogeaient le droit de vérifier les congés des soldats revenus dans leurs foyers, dictaient leur conduite aux municipalités, dont elles prétendaient viser les registres et les comptes : elles prenaient même des arrêtés, et ordonnaient par exemple la fermeture des églises ou l'établissement d'une boulangerie unique pour la commune. Par ces Sociétés populaires et par les Comités révolutionnaires, l'action du Comité de Salut public s'exerça jusque dans les moindres villages.

**LES MESURES DE SALUT PUBLIC**

Pour faire face au péril extérieur et intérieur, le Comité de Salut Public et la Convention décrétèrent *la levée en masse* (16 Août) et un *emprunt forcé d'un milliard sur les riches* (28 Août) ; la *loi des suspects* (17 septembre), et la *loi du maximum* (27 septembre). La levée en masse donna douze cent mille hommes. La loi du maximum, rendue nécessaire par le renchérissement de tous les objets de première nécessité, fixa le prix maximum auquel il était permis de les vendre : elle avait pour objet d'empêcher les émeutes de la faim sans cesse à redouter en raison de perpétuelles menaces de disette. Elle frappait de la peine de mort quiconque tenterait d'accaparer une marchandise quelconque.

**LA TERREUR**

Mais le grand moyen de combat fut la *Terreur*. Le Comité de Salut Public et la Convention voulurent décourager leurs adversaires par l'épouvante, et forcer par la peur le pays tout entier à s'armer contre l'étranger. La loi des suspects déclara prévenus de haute trahison « tous ceux qui n'ayant rien fait contre la liberté n'ont cependant rien fait pour elle ». On procéda à des arrestations en masse, et le Tribunal révolutionnaire envoya chaque jour des « *fournées* » de condamnés à la guillotine. Parmi les victimes les plus célèbres, furent la reine Marie-Antoinette ; Bailly, l'ancien maire de Paris ; le duc d'Orléans qui, député à la Convention, avait pris le nom

MARIE-ANTOINETTE CONDUITE A L'ÉCHAFAUD (16 OCTOBRE 1793).

Photographie d'un croquis de DAVID.
Bibliothèque nationale.

*Ce croquis peignant fut fait par David, à une fenêtre de la rue Saint-Honoré, tandis que passait sur la charrette qui la conduisait à la guillotine, Marie-Antoinette, les yeux clos, les mains liées derrière le dos, le col du corsage et les cheveux coupés pour ne pas gêner le passage du couteau.*

*La reine avait été, le 2 Août, séparée de ses enfants, qui restèrent prisonniers au Temple. Elle fut transférée à la Conciergerie du Palais de Justice; elle y demeura, plus de deux mois, enfermée dans un étroit cachot jusqu'au jour de sa mise en jugement. Elle fut condamnée à mort à la suite d'un immonde procès où les accusateurs, en particulier Hébert, un des membres de la Commune, essayèrent de déshonorer leur victime et ne déshonorèrent qu'eux-mêmes.*

de Philippe Égalité et voté la mort de son cousin Louis XVI ; les députés girondins (octobre-novembre 1793). Pour ceux-ci les Jacobins avaient demandé à la Convention « de débarrasser le

UNE CELLULE SOUS LA TERREUR.
Photographie d'un dessin d'HUBERT ROBERT. — Musée Carnavalet.

*Hubert Robert (1733-1808) peintre et graveur de talent fut incarcéré comme suspect en 1793, à la prison de Sainte-Pélagie. Il s'est représenté lui-même dans sa cellule, tandis que la guichetière lui apporte sa nourriture, une tourte de pain et une cruche d'eau. Le peintre avait écrit sur sa table : « Dum spiro spero. — Tant que je respire j'espère ». — Au-dessus de la porte : « Carcer Socratis, domus honoris » — « La prison de Socrate — c'est-à-dire du sage — est la demeure de l'honneur ». — Les prisonniers sous la menace perpétuelle de la mort, conservaient cependant de la gaîté. Réunis chaque jour dans le préau de leur prison, ils faisaient assaut d'esprit et les femmes gardaient le souci de leur toilette.*

Tribunal des formes qui étouffent la conscience et empêchent la conviction » c'est-à-dire l'audition des témoins et les plaidoyers des accusés. Du 6 avril 1793 au 27 juillet 1794 (9 thermidor) 2596 personnes furent exécutées. L'ensemble des victimes par toute la France pour la même période fut d'environ douze mille dont près de quatre mille paysans et de trois mille ouvriers. Sur nombre de points on procédait à des exécutions en bloc. Fouché, et Collot d'Herbois à Lyon, faisaient mitrailler les prisonniers. A Nantes, Carrier les faisait noyer en Loire, sans jugement, par milliers. Il fit noyer jusqu'à des enfants au maillot. Le nombre des cadavres ramenés par la marée à Nantes était tel que l'eau du fleuve en était empoisonnée, et que la municipalité défendit, par arrêté, la consommation du poisson.

**LES NOUVEAUX PARTIS LES INDULGENTS**

A la fin de 1793, grâce à l'énergie des organisateurs de l'armée et des généraux, le péril extérieur et intérieur était conjuré. Autrichiens et Prussiens, après les journées de *Wattignies* et de *Wissembourg*, étaient repoussés loin de la frontière : *Lyon* et *Toulon* étaient repris : les Vendéens étaient écrasés au *Mans* et à *Savenay*. Dès lors il parut à Danton que le régime de la Terreur n'avait plus de raison d'être et qu'il était temps de ramener « le règne des lois et la justice pour tous ». Son ami Camille Desmoulins, dans son éloquent journal le *Vieux Cordelier*, réclamait la création d'un « Comité de Clémence ». Un certain nombre de Montagnards qui partageaient leurs opinions, formèrent avec eux le parti des *Indulgents* ou des *Modérés*.

**LES ENRAGÉS LA DÉCHRISTIANISATION**

Au contraire un autre parti, *les Enragés*, trouvait insuffisant le nombre des exécutions et réclamait de nouvelles mesures de terreur. Ce parti qui avait pour chef Hébert, comprenait les principaux membres de la Commune et la majorité des Cordeliers. Les Enragés avaient des prétentions philosophiques. Ils voulaient détruire le Catholicisme : ils faisaient établir un calendrier nouveau d'où étaient bannis les noms des Saints, les dimanches, les fêtes religieuses : ils réclamaient l'emprisonnement de ceux qui chômaient ces fêtes et demandaient la démolition des clochers « qui par leur domination sur les autres édifices semblent contrarier les principes d'égalité ». Ils se proclamaient athées et voulaient établir le culte de la Raison. Le 10 novembre 1793, ils célébrèrent à Notre-Dame une fête de la Liberté et de la Raison, et installèrent sur l'autel, « aux lieu et place de la ci-devant Sainte-Vierge », la divinité nouvelle représentée par une danseuse de l'Opéra. Quelques jours après, la Commune ordonna la fermeture de toutes les églises et commença à traquer tout prêtre, fût-il jureur, qui se refusait à cesser de célébrer le culte et à se « déprêtriser ». La Convention suivit les Enragés dans la campagne de « déchristianisation » et applaudit à ce que Danton appelait « les mascarades anti-religieuses », jusqu'au moment où Robespierre intervint pour y mettre fin.

**CHUTE DES ENRAGÉS ET DES INDULGENTS**

Robespierre fut en effet l'ennemi des Enragés parce que, disciple de Rousseau, il était déiste et considérait les athées comme dangereux pour la société. Il encouragea donc les Indulgents à mener campagne contre eux. Mais il fut aussi l'ennemi des Indulgents parce qu'à diverses reprises Camille Desmoulins avait blessé sa vanité en raillant son ton doctrinal, mais surtout parce qu'il jalousait Danton, parce qu'il redoutait sa popularité et le sentait seul capable de faire obstacle à ses secrètes ambitions. Il était résolu à détruire les deux partis : il y parvint en moins d'un mois, avec le concours de Couthon et de Saint-Just. La disette, devenue telle à la fin de l'hiver de 1794 qu'il avait fallu rationner Paris comme une ville assiégée, et qu'on distribuait une livre de viande par personne pour dix jours, servit de prétexte à l'arrestation des Enragés. On les accusa de complot tendant à affamer Paris et à provoquer le massacre de la Convention. Arrêtés le 14 mars, les Enragés étaient guillotinés dans les dix jours (24 mars). La Commune ainsi détruite fut remplacée par une Commune nouvelle dévouée à Robespierre.

Six jours après (30 mars), les Indulgents, inculpés de comploter le rétablissement de la monarchie, étaient arrêtés à leur tour. Danton, prévenu du danger qu'il courait, mais qui, disait-il, « aimait mieux être guillotiné que guillotineur » avait répondu à ceux qui l'engageaient à fuir : « Bah! est-ce qu'on emporte sa patrie à la semelle de ses souliers! » Sept jours plus tard, après un procès qui fut une monstrueuse parodie de la justice, les Indulgents, jugés sans même qu'ils fussent présents, étaient condamnés à mort et guillotinés (5 avril 1794).

**DICTATURE DE ROBESPIERRE**

Danton mort, il ne resta plus personne pour contrebalancer l'influence de Robespierre. Celui-ci exerça pendant près de cinq mois, du 5 avril au 27 juillet, une dictature de fait qu'il aspirait, tout permet de le penser, à transformer en dictature de droit. Robespierre s'était acquis une très grande popularité et le surnom d'*Incorruptible*, par sa parfaite probité, la dignité et la simplicité de sa vie — il vivait dans la famille d'un menuisier — la correction de sa tenue, son ton dogmatique, et le prestige des mots d'innocence et de vertu qu'il avait constamment à la bouche. Royaliste jusqu'au 10 août, il affectait depuis lors dans ses opinions républicaines une intransigeance caractéristique des ré-

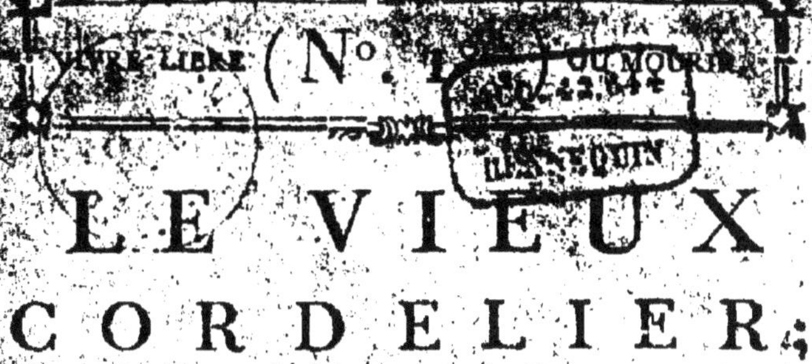


CORDELIER;

JOURNAL

*Rédigé par* CAMILLE DESMOULINS,
*Député à la Convention, et Doyen des Jacobins.*

Quintidi Frimaire [illegible] Décade, l'an II de la République une et indivisible.

*Dès que ceux qui gouvernent seront haïs, leurs concurrens ne tarderont pas à être admirés.* (MACHIAVEL.)

O PITT! je rends hommage à ton génie! Quels nouveaux débarqués de France en Angleterre t'ont donné de si bons conseils, et des moyens si sûrs de perdre ma patrie? Tu as vu que tu échouerois éternellement contre elle, si tu ne t'attachois à perdre, dans l'opinion publique, ceux qui, depuis cinq ans, ont déjoué tous tes projets. Tu as compris que ce sont [illegible] qui t'ont toujours vaincu qu'il falloit

N°. 1er. A

UN JOURNAL PENDANT LA RÉVOLUTION.
Première page du *Vieux Cordelier.* — Photographie.

*Dans le* Vieux Cordelier, *Camille Desmoulins* (1760-1794), *l'ami de Danton, le plus éloquent des journalistes de la Révolution, demandait, au nom des* Indulgents, *la fin du régime de la Terreur, rendu odieux par les victoires des armées. Il en attribuait le maintien aux machinations des ennemis, en particulier à celles du ministre anglais Pitt, désireux de déshonorer la France aux yeux de l'Europe.*

cents convertis. Le plus compétent des historiens de la Révolution, M. Aulard, a dit qu'il fut un politique « astucieux, mystérieux, presque indéchiffrable. Ce que l'on entrevoit de son âme, ajoute-t-il, fait horreur à nos instincts français de franchise et de loyauté. Robespierre fut un hypocrite et il érigea l'hypocrisie en système de gouvernement ». Il avait un orgueil immense, la conviction, comme un inquisiteur du Moyen Age, que toute vérité était en lui. Ses idées, empruntées toutes à Rousseau, avaient à ses yeux la valeur de dogmes intangibles. Ne pas les partager était d'un « mauvais citoyen » dangereux pour « la cité »: les combattre était un sacrilège que seule la mort pouvait expier. Aussi le régime de la Terreur fut maintenu pour préparer le règne de « la vertu », et la guillotine fut employée, selon l'expression de M. Aulard « à l'amélioration des âmes ». Le système présentait pour Robespierre un double avantage : il lui permettait d'abord de se débarrasser de quiconque l'inquiétait : d'autre part, Ropespierre s'assurerait aisément un redoublement de popularité, le jour où il prendrait l'initiative d'abolir un régime odieux à la masse de la nation.

**LA GRANDE TERREUR**

La Terreur atteignit à son comble au mois de juin 1794, à la suite de la *fête de l'Être suprême* (8 juin) et de la *loi de prairial* (10 juin). La fête de l'Être suprême — c'était l'expression qu'employaient les déistes au dix-huitième siècle pour désigner Dieu — avait été décrétée par la Convention sur l'initiative de Robespierre, ennemi de l'athéisme et du culte de la raison. Il avait présidé lui-même aux cérémonies du nouveau culte officiel, et plusieurs de ses collègues avaient osé le railler pour ses allures de pontife et de dictateur. Pour pouvoir se venger, il faisait voter deux jours plus tard le 10 juin (22 prairial) une loi, justement qualifiée « de code d'assassinat légal », en vertu de laquelle le Tribunal révolutionnaire jugerait désormais *sur des preuves morales*, sans entendre ni témoins, ni défenseurs, et ne pourait prononcer d'autre peine que la mort. En outre, le Comité de Salut public où Robespierre était le maître, pourrait traduire les députés eux-mêmes devant le Tribunal, sans demander, comme c'était l'usage, l'assentiment préalable de la Convention.

Alors commença la *Grande Terreur*. En quarante-sept jours du 10 juin au 27 juillet. (22 prairial, 9 thermidor) date de la chute de Robespierre, il y eut à Paris 1376 têtes coupées, plus

MAXIMILIEN DE ROBESPIERRE (1759-1794).

Photographie d'un croquis rehaussé d'aquarelle pris à une séance de la Convention et attribué à *Gérard* (1770-1837). Collection Jubinal de Saint-Albin.

*Maximilien de Robespierre, avocat à Arras, fut député à la Constituante ; il scandalisa ses collègues en proposant l'établissement du suffrage universel. Élu le premier député de Paris à la Convention, il domina l'assemblée quand il eut fait guillotiner les Girondins, les Hébertistes et les Dantonistes. Il succomba à son tour pour s'être obstiné à maintenir le régime de la Terreur, qui lui permettait de satisfaire ses vengeances personnelles. Le croquis est accompagné de cette note : « Les yeux verts, le teint pâle, habit nankin rayé vert, gilet blanc rayé bleu, cravate blanche rayée rouge. » Robespierre, toujours soigneusement poudré, se piquait de sobre élégance. — Gérard est un de nos bons peintres d'histoire.*

qu'on n'en avait vu tomber depuis le 10 avril 1793 en quatorze mois. Dans les seules journées des 7 et 8 juillet cent cinquante personnes furent exécutées.

**LA CHUTE DE ROBESPIERRE**

**Or**, douze jours avant, l'armée française, par la brillante victoire de Fleurus (26 juin), avait commencé la seconde conquête de la Belgique. Cette victoire témoignait avec éclat que la patrie n'était plus en danger; elle rendait injustifiables les boucheries de Paris, et le public révolté en attribua la continuation au seul esprit de vengeance et aux haines personnelles de Robespierre.

Ces sentiments du public favorisèrent les projets d'un certain nombre de députés, la plupart membres du Comité de Sûreté générale ou du Comité de Salut public, qui se sentant ou se sachant condamnés par Robespierre, entreprirent de le devancer et de l'abattre. Un véritable complot, où entrèrent les anciens amis d'Hébert et de Danton, s'organisa à la fin de juillet. Pour s'assurer l'appui des députés du *Marais* qui jusqu'alors avaient soutenu Robespierre, mais qui commençaient à désirer la fin de la Terreur, les conjurés, bien que *terroristes* en général, se présentèrent comme des modérés.

La bataille s'engagea le 26 juillet (8 thermidor), Robespierre prit l'offensive en demandant l'épuration des Comités ; parmi les hommes qu'il dénonçait comme des « fripons » se trouvaient Carnot et Cambon. La lutte se poursuivit le lendemain 27 (9 *thermidor*). Les conjurés pendant la nuit avaient redoublé d'efforts afin de gagner les députés du Marais et s'étaient distribué les rôles pour la journée suivante.

Avant même que Robespierre eût pris la parole, un des conjurés demandait la mise en accusation du « nouveau Cromwell ». Robespierre essaya vainement de se défendre. Le président, qui était du complot, couvrait du bruit de sa sonnette furieusement agitée la voix de l'accusé. Après une tumultueuse séance, aux cris de « à bas le tyran! » l'arrestation fut décrétée à l'unanimité. Robespierre le jeune, frère de Maximilien, Saint-Just, Couthon demandèrent à partager le sort de Robespierre. Tous devaient être transférés à la prison du Luxembourg en attendant leur comparution devant le Tribunal révolutionnaire.

Robespierre n'était pas encore perdu. Le Tribunal, en effet, lui était tout dévoué et il avait beaucoup de chances d'être acquitté. Une faute de ses amis, les membres de la Commune, le perdit. La

Commune dès qu'elle connut l'arrestation de Robespierre, se déclara en insurrection; vers huit heures du soir elle le fit enlever du Luxembourg, puis amener à l'Hôtel de Ville, tandis qu'elle préparait tout pour un coup de force contre la Convention. La Convention riposta aussitôt par la mise *hors la loi* de Robespierre et de ses amis. Dès lors il n'était plus besoin de jugement pour les exécuter; dès qu'ils seraient arrêtés on les guillotinerait.

Cependant tout semblait se préparer pour une bataille; les Robespierristes se groupaient devant l'Hôtel de Ville, sur la place de Grève; la Convention réunissait aux Tuileries la gendarmerie et une partie de la garde nationale. Mais Robespierre n'osa pas attaquer. Un peu avant minuit, un orage dispersa sous des torrents d'eau ses partisans, qui depuis plusieurs heures attendaient vainement des directions. A deux heures du matin, le 28 juillet (10 thermidor), les troupes de la Convention bloquaient l'Hôtel de Ville où elles arrêtaient sans résistance Robespierre et les principaux membres de la Commune. Le soir vers sept heures et demie, au milieu « des accents d'allégresse et des applaudissements » Robespierre et vingt et un de ses partisans étaient guillotinés. Il y eut encore quatre-vingt trois exécutions le lendemain et le surlendemain.

**A RÉACTION THERMIDORIENNE**

La chute de Robespierre, bien qu'elle eût été préparée par des Terroristes, eut pour conséquence la fin du régime de la Terreur, imposée par la révolte de l'opinion publique et les victoires multipliées des armées; puis des modifications, ou le retrait, de la plupart des mesures révolutionnaires décrétées par la Convention. Ce fut ce qu'on appela la *réaction thermidorienne* : elle s'opéra en six mois (Août-Décembre 1794). Le Comité de Salut public remanié fut placé sous la dépendance de l'Assemblée; les pouvoirs de la Commune furent transférés à des commissaires de la Convention; le Tribunal révolutionnaire, en attendant qu'on le supprimât (31 mai 1795), fut réorganisé, et de sérieuses garanties furent assurées aux accusés; beaucoup de ceux qui avaient été incarcérés avant le 27 juillet furent remis en liberté; la loi des suspects, la loi de prairial, la loi du maximum furent abrogées. On rappela dans la Convention les Dantonistes survivants et ceux des Girondins qui avaient échappé à la proscription. On traduisit devant le Tribunal révolutionnaire qui les condamna à mort, Carrier pour ses atrocités de Nantes, Fouquier-Tinville,

Un Muscadin.
Photographie d'une aquarelle de Carl Vernet (1758-1836). — Bibliothèque Nationale.

l'ex-accusateur public, pour les monstrueuses parodies de la justice qu'avaient été la plupart des procès — tel celui de Danton — devant l'ancien Tribunal révolutionnaire. On frappa enfin la société des Jacobins, dernier appui des Terroristes. La Convention interdit d'abord toute communication entre les sociétés affiliées; puis le 10 novembre elle décréta la fermeture du club.

**RÉVEIL DU PARTI ROYALISTE**

En même temps un parti royaliste se reconstituait dans Paris. Il se recruta surtout parmi « la jeunesse dorée », c'est-à-dire la jeunesse bourgeoise et élégante. Ses membres les « *muscadins* » ou les « *incroyables* » se dissimulèrent d'abord et se présentèrent comme des républicains modérés. Armés de gourdins, ils donnaient la chasse dans la rue aux Jacobins et aux « patriotes ». Peu à

*Après la chute de Robespierre il y eut une violente réaction contre les hommes de la Terreur. Les Jacobins furent pourchassés dans la rue par les* Muscadins, — *on disait aussi les* Incroyables, — *jeunes gens d'opinions royalistes, qui, pour se distinguer des* sans-culottes, *portaient de ridicules costumes, renouvelés, croyaient-ils, des élégants costumes de l'ancien régime. — Chapeau noir à cocarde tricolore, cravate et gilet bleu, veste avec grands revers blancs, à fleurettes bleues et roses, redingote orange, culotte jaune paille, bas blancs, escarpins vernis, gants jaunes. A la main gauche, un large monocle; à la main droite, un gros gourdin — le* pouvoir exécutif, *disaient les Muscadins — qui servait à assommer les Jacobins. — Carl Vernet fut un des peintres intéressants de la fin du dix-huitième siècle et du commencement du dix-neuvième.*

peu l'influence de ce parti se fit sentir jusque dans l'Assemblée et tous les anciens membres des Comités se trouvèrent menacés.

**ES DERNIÈRES JOURNÉES POPULAIRES**

Ce mouvement royaliste n'échappait pas aux ouvriers des faubourgs, qui, d'autre part, à la suite de l'abolition du maximum et du renchérissement des vivres provoqué par des spéculateurs, subissaient une terrible crise de misère. Le pain même manquait à la fin de mars et l'on en distribuait à peine deux cent cinquante grammes par personne et par jour. Entre la disette et la réaction politique le peuple établissait un lien : il accusait la Convention gagnée aux idées royalistes de vouloir faire mourir de faim les patriotes pour détruire la République. Il se persuada que si la constitution de 1793 était mise en vigueur, le double péril serait écarté. De là les deux journées du 1er avril et du 20 mai 1795 (12 *germinal*,

UNE MERVEILLEUSE.
Photographie d'une aquarelle de CARL VERNET
Bibliothèque Nationale.

*L'élégance des Merveilleuses valait celle de leurs amis les Muscadins. Seulement elles dédaignaient les modes de l'ancien régime et prétendaient emprunter le modèle de leurs toilettes à la Grèce antique! Chapeau gris avec cordelière d'or nouée sur le côté; écharpe — souvenir de la déesse Iris — enveloppant le buste et flottant longuement par derrière, de couleur bleu ciel avec bordure jaune; jupe rose, souliers gris.*

1<sup>er</sup> *prairial*), dernières journées populaires de la Révolution.

Le 1<sup>er</sup> avril (12 *germinal*), il y eut une émeute de femmes : elles envahirent la Convention, réclamant du « *pain et la constitution de 1793* ». Cette manifestation, faite cependant sans violences, servit de prétexte aux réactionnaires — on disait alors les *réacteurs* — pour obtenir un décret de déportation contre plusieurs anciens membres des Comités.

Un mois et demi plus tard, le 20 mai (1<sup>er</sup> *prairial*), un coup de force fut tenté, avec la complicité des derniers députés de la Montagne, ceux qu'on appelait les *Crétois* parce qu'ils siégeaient aux bancs les plus élevés de l'Assemblée. L'insurrection fut provoquée à la fois par la volonté de rétablir le gouvernement révolutionnaire, et par le redoublement de la disette : la veille, le 19 mai, les habitants des faubourgs avaient reçu chacun environ soixante grammes de pain. Les insurgés envahirent la Convention, tuèrent un député, et avec l'aide des Crétois firent voter la mise en vigueur de la constitution de 1793. Mais la garde nationale accourait et vers minuit balayait les insurgés. La Convention, séance tenante, décréta d'accusation ceux de ses membres qui avaient pactisé avec l'émeute. L'insurrection cependant se prolongea pendant trois jours. Il fallut pour y mettre fin appeler l'armée à la rescousse : ce fut sa première intervention dans la politique. Les insurgés ne mirent bas les armes que le 23 mai, quand on menaça de bombarder le faubourg Saint-Antoine. Les ouvriers durent rendre piques, fusils et canons. Il n'y eut plus d'armés dans Paris que les gardes nationaux du centre de la ville, royalistes en majorité.

**LA TERREUR BLANCHE**

**Dès** lors les réacteurs de la Convention, ne craignant plus rien, décrétèrent la mise en accusation de tous les anciens membres des Comités. Carnot seul fut épargné, sur l'observation indignée d'un député qu'il avait « *organisé la victoire* ». La réaction s'étendit à la province : elle y prit un caractère sauvage et aboutit après la Terreur rouge à la *Terreur Blanche*. Elle fut en même temps dans le Midi nettement royaliste. A Lyon, à Tarascon, à Aix, à Marseille, on eut une réédition des massacres de septembre. Les anciens Jacobins furent égorgés par les *Compagnons de Jéhu*, ou les *Compagnies du Soleil*. Dans le même temps, sur la nouvelle de la mort de Louis XVII, le comte de Provence prenait le titre de roi, et sous le nom de Louis XVIII lançait un manifeste aux Français pour annoncer son avènement au trône. Sur la côte de Bretagne à *Quiberon*, le 21 juillet, un corps de plusieurs milliers d'émigrés transporté par une flotte anglaise, tentait un débarquement, qui aboutissait du reste à une catastrophe.

**LES DÉCRETS DES DEUX TIERS**

Ces manifestations d'un réveil du parti royaliste finirent par inquiéter la Convention et la ramenèrent à une politique de défense républicaine. Elle avait discuté et voté, du 7 juillet au 17 août, une constitution nouvelle, la *constitution de l'an III*, destinée à remplacer la constitution de 1793, définitivement jugée inapplicable. Le système électoral adopté supprimait le suffrage universel, et établissait un cens plus élevé que ne l'avait fait la constitution royaliste de 1791. Par suite les futurs représentants de la France seraient élus par une aristocratie d'argent et le pouvoir devait passer à brève échéance et légalement à une minorité « contre-révolutionnaire » et royaliste.

Pour parer au danger la Convention décida par deux décrets, (22 et 30 août), que les deux tiers des futurs députés devraient être choisis parmi ses membres.

**DÉFAITE DES ROYALISTES**

Ces décrets, dits des *Deux Tiers*, ruinaient les espérances des royalistes. Ils essayèrent de les faire rapporter par un coup de force. Des affiches étaient placardées sur les murs, où l'on lisait : « Peuple français, reprends ta religion et ton roi, et tu auras la paix et du pain. » Le 5 octobre 1795 (13 *vendémiaire*), une armée insurrectionnelle de plus de vingt mille hommes marchait sur la Convention en deux colonnes, l'une suivant les quais de la rive gauche de la Seine, l'autre la rue Saint-Honoré. Elles furent arrêtées et dispersées au Pont-Neuf et en avant de l'église Saint-Roch, grâce aux habiles dispositions d'un général de vingt-six ans, ***Napoléon Bonaparte***, chargé avec moins de cinq mille hommes de défendre la Convention. Deux cents insurgés furent tués. Dès le lendemain, le général Bonaparte, nommé au commandement de Paris, procéda au désarmement de la population. L'ordre se trouva immédiatement rétabli.

Trois semaines plus tard, le 26 octobre, la Convention déclara sa session terminée et se sépara aux cris de : « Vive la République! »

**L'ŒUVRE DE LA CONVENTION LA DÉFENSE NATIONALE**

Les faits qui viennent d'être résumés, faits politiques et épisodes tragiques de l'histoire de la Convention, *ne sont qu'une petite partie de cette histoire.* L'œuvre accomplie en trois ans par cette assemblée, *œuvre de défense nationale, œuvre d'organisation intérieure,* fut prodigieuse.

La Convention avait dû faire face à la guerre civile et à la guerre étrangère : elle avait eu à défendre à la fois l'œuvre émancipatrice de la Révolution et l'existence même de la France. Attaquée en 1793 par soixante départements insurgés, et par les armées de l'Angleterre, de la Hollande, de la Prusse, de l'Autriche, du Piémont, de l'Espagne elle avait, à force d'énergie et d'audace, partout triomphé après deux ans de luttes ininterrompues. Elle avait désarmé la moitié de ses adversaires. A ***Bâle***[1] (avril-juillet 1795), elle avait signé de glorieux traités de paix avec la Prusse, l'Espagne et la Hollande. Elle laissait la France agrandie de la Belgique et de tous les territoires situés sur la rive gauche du Rhin. Elle avait même obtenu contre l'Angleterre l'alliance d'un des deux ennemis de la veille, la Hollande, et elle était sur le point d'obtenir l'alliance de l'Espagne. Au dedans, le général Hoche poursuivait par la douceur et la justice, la pacification de la Vendée.

**L'ŒUVRE INTÉRIEURE**

L'œuvre intérieure, accomplie en même temps qu'on luttait pour la vie, ne fut pas moins considérable. La Convention fut la plus laborieuse de nos assemblées politiques, avec la Constituante dont elle eut à poursuivre et à compléter les travaux. La Constituante, en effet, après avoir fait table rase de toutes les institutions de l'ancienne France, s'était surtout occupée d'établir les nouvelles institutions politiques : elle avait plus détruit que reconstruit. La Convention partagée en de nombreux *Comités,* — Comité de législation Comité de finances, Comité d'instruction publique, etc. — toucha à tout, et si elle ne put en bien des cas achever la tâche entreprise, elle a du moins la gloire d'avoir été partout l'initiatrice. C'est d'elle que datent la plupart de nos grandes institutions. En matière de finances, elle créa sur la proposition de Cambon, le *grand livre de la dette publique,* origine de tout notre système d'emprunts. En matière de législation, elle poursuivit la *rédac-*

1. Voir ci-dessous, Chapitre VI.

*tion d'un code unique*, décrétée mais à peine commencée par la Constituante. Elle donna à la France un système de poids et de mesures scientifiquement établi, le *système métrique*, adopté aujourd'hui par la presque totalité des États civilisés.

Elle étudia avec la plus grande attention toutes les questions d'enseignement. Elle proclama le principe de *l'obligation et de la gratuité de l'enseignement primaire*, qu'elle ne put organiser faute d'argent. Pour l'*enseignement secondaire*, elle fit ouvrir les « écoles centrales », d'où sont venus nos lycées et nos collèges. Pour l'*enseignement supérieur*, elle créa, conserva ou réorganisa nos principaux établissements scientifiques ou artistiques : et la plupart de nos grandes écoles : Collège de France, École des Langues orientales, Bureau des Longitudes, Muséum, où les plus illustres savants enseignèrent les sciences naturelles, Conservatoire des Arts et Métiers, Bibliothèque et Archives Nationales, Musée du Louvre, — Écoles de Droit et de Médecine, École des Mines, École centrale des Travaux Publics, devenue l'École Polytechnique, École Normale, École du Génie de Metz aujourd'hui à Fontainebleau, École de Mars, la première ébauche de Saint-Cyr, École d'aspirants de Marine, etc. Enfin à la veille de se séparer, le 24 octobre 1795, la Convention créa pour remplacer les anciennes académies l'*Institut de France*, destiné à être « l'abrégé du monde savant, le corps représentatif de la république des Lettres ».

Ces indications sommaires suffisent à faire comprendre combien injuste fut l'accusation de « *vandalisme* », c'est-à-dire d'esprit de destruction barbare, longtemps portée contre la Convention. Sans doute elle fit ou laissa verser beaucoup de sang et le gouvernement révolutionnaire fut trop souvent odieux. Mais pour la Convention, comme jadis pour le Sénat de Rome, le salut de la Patrie avait été justement la loi suprême. Quand la Convention se sépara ses ennemis eux-mêmes sentirent, selon l'expression d'un témoin, « qu'il s'en allait quelque chose de grand et que la scène allait paraître vide ». Trente ans plus tard, en 1825, un illustre orateur royaliste, l'avocat Berryer, devant une Chambre toute enflammée de haine contre la Révolution, portait sur la Convention le jugement de l'histoire : « Je n'oublierai jamais que la Convention a sauvé mon pays. »

## II

### LE DIRECTOIRE

Le gouvernement du ***Directoire***, institué par la constitution de l'an III, dura quatre années, du 27 octobre 1795 au 19 novembre 1799. Pendant ces quatre années la France fut presque constamment troublée. L'agitation fut provoquée d'abord par les partis extrêmes, débris de l'ancien *parti jacobin*, et nouveau *parti royaliste*, qui cherchèrent soit à s'emparer du pouvoir, soit à détruire le régime existant. Le Directoire se défendit par des coups d'État : coup d'État contre le parti royaliste, le 4 septembre 1797 (18 *fructidor*) ; coup d'État contre le parti jacobin, le 11 mai 1798 (22 *floréal*). Dans le même temps les victoires de Napoléon Bonaparte en Italie contraignirent tous les adversaires de la France, l'Angleterre exceptée, à mettre bas les armes, et le traité de ***Campo-Formio*** (16 octobre 1797) signé par l'Autriche, compléta les traités de Bâle.

La situation intérieure toujours troublée s'aggrava en 1799, une ***nouvelle coalition*** s'étant formée contre la France

UN DIRECTEUR.
Photographie d'un dessin de LE DRU, représentant BARRAS (1755-1829). Bibliothèque nationale.

*La Constitution de l'an III confiait le pouvoir exécutif à un conseil de cinq Directeurs, renouvelable par cinquième chaque année. Les Directeurs présidaient le conseil à tour de rôle, chacun pendant trois mois. Barras qui est ici représenté en costume officiel, en habit et manteau de velours brodé d'or, le glaive au côté, la main gauche appuyée sur une carte, fut Directeur pendant toute la durée du régime. Député à la Convention, il avait contribué à la chute de Robespierre et dirigé la défense de la Convention au 13 vendémiaire. Type achevé de ceux qu'on appela les* nantis *et dont toute la politique consistait à se maintenir au pouvoir à seule fin de jouir de tous les avantages qu'il peut donner, il fut mêlé à toutes les intrigues et étant Directeur entama des négociations secrètes avec Louis XVIII. Il favorisa le coup d'état de brumaire qui renversa le* ***Directoire.***

et les armées républicaines ayant été battues en Italie et en Allemagne. Le péril extérieur, un court retour aux procédés du gouvernement révolutionnaire, et d'autre part la corruption des gouvernants, tournèrent l'opinion tout entière contre le Directoire. Sieyès et Napoléon Bonaparte mirent fin au régime par un coup d'État le 10 novembre (19 *brumaire* 1799).

**LA CONSTITUTION DE L'AN III**

La constitution de l'an III votée par la Convention au mois d'août 1795 confiait le *pouvoir exécutif* à un *Directoire* : de là le nom du régime. Ce Directoire, composé de cinq membres, âgés de quarante ans au moins, était élu par le *Corps législatif* et renouvelable par cinquième chaque année.

Le *pouvoir législatif* était confié à un Corps législatif composé de deux Conseils : le Conseil des *Cinq-Cents*, le Conseil des *Anciens*. Les Cinq-Cents préparaient les lois : les Anciens les adoptaient ou les rejetaient : c'était à peu près le système actuel de notre Chambre des députés et du Sénat. Un conventionnel avait défini de la sorte le rôle des deux assemblées : « Le Conseil des Cinq-Cents sera la pensée et pour ainsi dire l'imagination de la République ; le Conseil des Anciens en sera la raison. » Les deux Conseils étaient renouvelables par tiers annuellement.

Les députés étaient élus à deux degrés et au suffrage restreint. Tous les Français âgés de vingt et un ans au moins, sachant lire et écrire, payant une contribution directe, formaient les *assemblées primaires* et concouraient à la nomination des *électeurs* à raison d'un électeur par deux cents citoyens. Nul ne pouvait être nommé électeur s'il n'était âgé de vingt-cinq ans au moins et s'il ne justifiait d'un revenu foncier, c'est-à-dire provenant de terres ou d'immeubles, égal à la valeur de cent cinquante ou de deux cents journées de travail.

**LES CAUSES DE TROUBLES**

Le système électoral était donc moins libéral encore que le système établi par la constitution monarchique de 1791. Le nombre des électeurs était réduit de moitié et le chiffre du cens avait été surélevé. Plus encore qu'en 1791 la participation aux affaires publiques était ainsi réservée à une *ploutocratie*, c'est-à-dire à une aristocratie de fortune, et le pouvoir devait légalement passer dans un temps assez court aux mains d'une bourgeoisie riche, à tendances royalistes. De là une première cause de troubles, le Directoire devant naturellement défendre la République contre les tentatives de restauration monarchique.

En second lieu, cette constitution ploutocratique eut pour adversaires les débris du parti montagnard, les anciens Cordeliers et les anciens Jacobins, démocrates et partisans du suffrage universel. Ils travaillèrent à renverser le Directoire et la constitution de l'an III, pour y substituer la constitution de 1793.

D'autre part, la Convention, malgré ses triomphes, laissait au Directoire une lourde succession. Il y avait à poursuivre la guerre contre l'Angleterre, l'Autriche et les princes Italiens. Les finances étaient complètement désorganisées par suite de la ruine du commerce, et de l'arrêt de toute industrie. Les impôts rentraient mal et n'étaient guère payés qu'en assignats. Or, les assignats, émis en quantités prodigieuses, étaient tombés à *moins d'un trois centième* de leur valeur nominale : quand l'État recevait pour cent millions d'assignats, il encaissait trois cent mille francs. Cette détresse financière amena en 1797 une banqueroute partielle, la ***banqueroute dite des deux tiers***; puis en 1798, l'établissement d'un nouvel impôt, l'impôt ***sur les portes et fenêtres***, encore existant. Ces deux mesures, l'une diminuant les ressources des petits rentiers, l'autre accroissant leurs charges firent de la majorité d'entre eux des mécontents et des adversaires du régime.

Avec cela la France était dans un état moral déplorable, lasse de tout, lasse de six années de révolution, lasse de la guerre, indifférente même aux victoires, n'aspirant plus qu'à la paix, au repos, au pain quotidien. Une profonde misère dans le peuple ; à Paris chez ceux que d'audacieuses spéculations avaient soudainement enrichis, une rage de plaisir, un luxe insolent, dont l'étalage insultait à la misère publique. Parmi les hommes politiques beaucoup d'égoïsme et de corruption : nombre d'entre eux pensaient avec Fouché qu'il n'y avait plus qu'à « arrêter la marche d'une révolution désormais sans but, depuis qu'on avait obtenu tous les avantages personnels qu'on pouvait prétendre ». Le mal gagna tous les services publics : « Il n'existe aucune partie de l'administration publique, où l'immoralité et la corruption n'aient pénétré, » disait un député dans un rapport aux Cinq-Cents en 1798. Aussi le régime du Directoire laissa-t-il aux contemporains l'impression d'un régime de décomposition générale et, selon le mot de l'un d'eux, « de pourriture des pourritures ».

**LUTTE CONTRE LES JACOBINS**

Le Directoire eut d'abord à faire face aux anciens Jacobins démocrates. Ils avaient essayé de reconstituer leur Club, sous le nom de Société des Égaux, ou Club du Panthéon. Leur programme, c'était l'application de la constitution de 1793; le moyen de le réaliser, c'était le renversement, peut-être le massacre des Directeurs, et l'établissement d'un nouveau Comité de Salut public. Quelques-uns des Égaux, en particulier leur chef, *Gracchus Babeuf*, un journaliste, voulaient compléter la révolution politique par une *révolution sociale*. Ils voulaient supprimer la propriété individuelle, que la Convention avait proclamée inviolable et sacrée. « La terre, disaient-ils, n'est à personne, les fruits sont à tout le monde. » *C'était la première apparition en politique de la doctrine socialiste qu'on appelle le* ***communisme*** *ou le* ***collectivisme***. Le complot contre les Directeurs fut découvert, au commencement de mai 1796, par suite d'une trahison. Gracchus Babeuf et ses principaux complices furent arrêtés. Leur procès, qui dura près d'un an, se termina par la condamnation et l'exécution de Babeuf (mai 1797). Dans l'intervalle, en septembre 1796, une tentative de soulèvement, organisée par les Jacobins et par quelques anciens députés de la Convention, n'avait servi qu'à faire fusiller une vingtaine de personnes.

UN DÉPUTÉ DES CINQ-CENTS.

Photographie d'une aquarelle de David. Bibliothèque nationale.

*La simplicité « Spartiate », avait été de mode sous la Convention : les députés ne portaient point de costume spécial. Sous le Directoire on eut le goût du pompeux, fût-il ridicule. Directeurs, députés, juges, etc., eurent des uniformes. Ceux des Anciens et des Cinq-Cents furent dessinés par David, qui prétendit s'inspirer de l'antiquité. Les représentants du peuple portèrent donc des toges et des tuniques, à la romaine, accompagnées de coiffures qui ressemblaient à des casques polonais. Coiffure rouge à bordure bleue, ganses tricolores et bouquet d'épis dorés. Toge bleue, bordée dans le bas d'une bande rouge entre deux filets blancs. Tunique marron clair, serrée à la taille par une écharpe tricolore. Culotte collante gris bleu; petites bottes noires. Inscriptions en lettres d'or sur fond rouge. Les députés portaient ce costume tous les jours en séance.*

**LUTTE CONTRE LES ROYALISTES**

Le complot de Babeuf profita aux royalistes. Ses projets communistes effrayèrent les propriétaires fonciers, hantés par des souvenirs d'histoire romaine et le spectre des « *lois agraires* », alors inexactement connues. Le corps électoral étant en énorme majorité composé de propriétaires, les députés qu'il élut en mai 1797, lors du renouvellement annuel du tiers des Conseils, furent tous des ultra-modérés ou des royalistes. Dans le Directoire lui-même on fit entrer *Barthélemy*, ancien ambassadeur de la République auprès des Cantons Suisses, le négociateur des traités de Bâle, un monarchiste constitutionnel de 1791. Les Conseils rapportèrent les lois votées antérieurement contre les prêtres réfractaires, les émigrés rentrés, etc. ; d'autre part ils commencèrent à attaquer le Directoire, dont quatre membres étaient des Conventionnels « régicides », c'est-à-dire ayant voté la mort de Louis XVI, en 1793.

**COUP D'ÉTAT DU 18 FRUCTIDOR**

L'un des quatre, Carnot, ne croyait pas au péril royaliste, et dans tous les cas, ne voulait pas que l'on se défendît par des moyens illégaux. Mais ses collègues dirigés par *Barras*, le type achevé des corrompus, n'eurent point ces scrupules. Menacés d'un coup d'État, ils ripostèrent par un coup d'État. Bien que la constitution défendît qu'aucun corps de troupes entrât dans Paris, ils appelèrent de l'armée d'Italie une division, commandée par Augereau. Dans la soirée du 3 septembre 1797 (17 fructidor), sous prétexte qu'une conspiration en faveur de Louis XVIII venait d'être découverte, ils firent arrêter leur collègue Barthélemy et la plupart des députés de la majorité royaliste. Carnot, qu'ils voulaient également faire arrêter, avait pu s'échapper. Le lendemain 4 septembre (18 *fructidor*), à la demande des Directeurs, la minorité républicaine des Cinq-Cents et des Anciens annula les élections de quarante-neuf départements et décréta la déportation à la Guyane de nombreux députés et de plusieurs journalistes. La liberté de la presse fut supprimée pour un an ; les lois contre les émigrés rentrés et contre les prêtres réfractaires furent remises en vigueur. La persécution religieuse reprit et se prolongea jusqu'à la fin du régime en 1799 : on arrêta et l'on déporta près de huit mille prêtres, dont sept mille pour les départements nouveaux formés de l'ancienne Belgique.

**COUP D'ÉTAT DU 22 FLORÉAL**

A la suite du 18 fructidor, il y eut un retour d'influence des anciens Montagnards, les Directeurs ayant besoin de leur appui contre les royalistes. Les Jacobins rouvrirent les clubs, et, aux élections de mai 1798, un grand nombre des leurs furent élus. Mais Barras et ses collègues ne voulaient pas plus d'une majorité montagnarde, inclinant à établir le suffrage universel, que d'une majorité royaliste. Aussi le 11 mai 1798 (22 *floréal*), avec l'appui des Cinq-Cents et des Anciens, renouvelèrent-ils l'opération de l'année précédente; ils firent casser l'élection d'une soixantaine de Montagnards. Ce fut un 18 fructidor à rebours.

**L'OPINION EN 1799**

Ces coups d'État contradictoires déroutaient le pays et achevaient de le lasser de la politique. D'autre part certains gouvernants et leur entourage donnaient le spectacle d'une immoralité scandaleuse: l'État, au su de tout le monde, était mis au pillage par ceux mêmes qui avaient la charge de ses intérêts, ou avec leur complicité. A la lassitude de la politique s'ajouta le mépris pour les politiciens. Par surcroît, la politique agressive du Directoire au dehors amena, au début de 1799, la formation d'une nouvelle coalition, et le recommencement de ces guerres, dont la France s'était enfin crue délivrée une année plus tôt, en 1797, quand Bonaparte avait imposé à l'Autriche la paix de ***Campo-Formio***[1] (17 octobre 1797). Non seulement les guerres recommençaient, mais les armées françaises étaient partout défaites: elles étaient repoussées en Allemagne sur le Rhin, en Italie sur les Alpes. On sentait revenir les plus mauvais jours de 1793, le temps de l'invasion et de la Patrie en danger.

Le dégoût causé par la situation intérieure, les angoisses provoquées par le péril extérieur eurent une double conséquence. Au début de 1799, il se forma un groupe d'hommes politiques auxquels une revision de la constitution parut indispensable. Ce groupe eut pour chef *Sieyès*. Parmi ses membres plusieurs, et Sieyès lui-même, pensaient à appeler au pouvoir un protestant allemand, le duc de Brunswick, le signataire du célèbre manifeste de 1792. D'autres songeaient au rétablissement d'une monarchie constitutionnelle en faveur du duc d'Orléans, fils de Philippe-Égalité. D'autre part, en juillet et en août, il y eut un bref retour aux procédés du gouvernement révolutionnaire et une réappari-

1. Voir ci-dessous, chapitre VI.

tion du régime de la Terreur qui, effrayant l'opinion, favorisèrent par la suite l'exécution des projets de révision.

**LA POLITIQUE DE SIÉYÈS**

Pour pouvoir changer la constitution il fallait deux conditions : ne pas avoir à craindre les Directeurs; avoir à sa disposition un général populaire. Sieyès, nommé Directeur en mai 1799, sut exploiter les colères provoquées dans les Conseils par les défaites des armées en Allemagne et en Italie. Il tourna ces colères contre ceux de ses collègues qu'il savait capables de lui résister. Les Conseils les contraignirent à donner leur démission. C'est ce qu'on appelle, improprement puisque toutes les formes légales furent respectées, le coup d'État du 30 *prairial* (18 juin 1799). Quant au général, Sieyès, après de longues hésitations, finit par choisir Bonaparte, alors en Égypte[1]. En septembre, il lui fit renouveler l'ordre de rentrer en France, que lui avaient adressé dès le mois de mai les Directeurs, désireux alors de lui donner le commandement des armées.

**RÉAPPARITION DE LA TERREUR**

Dans l'intervalle, les armées subirent de graves défaites en Italie (juin, août 1799), tandis qu'à l'intérieur des soulèvements royalistes se produisaient sur de nombreux points, à Lyon, à Reims, dans le Midi, en Vendée. De là, dans les Conseils et à Paris, un retour d'influence des Montagnards. Le club des Jacobins fut reconstitué sous le nom de *Réunion d'Amis de la liberté et de l'égalité*. La réunion publia un journal intitulé le *Journal des hommes libres*, bientôt surnommé le *Journal des Tigres*, parce qu'on y fit à diverses reprises l'apologie de la Terreur et de Gracchus Babeuf. Les Conseils votèrent (7 juillet) un *emprunt forcé de* cent millions, c'est-à-dire un impôt spécial, sur la « classe aisée » ; puis (12 juillet) une loi dite *des otages*, en vertu de laquelle les parents des émigrés ou des royalistes en état d'insurrection étaient rendus responsables des désordres qui se produiraient dans leurs communes, et pourraient être emprisonnés, frappés d'amende, déportés. Ces différentes mesures, les violences de langage des Jacobins, le désordre gagnant jusqu'aux Conseils, où l'on vit à la séance du 13 septembre des députés se battre à coups de poing, achevèrent de disposer le public à bien accueillir un changement de régime.

1. Voir ci-dessous, chapitre VI.

**RETOUR DE BONAPARTE**

Le 8 octobre, Bonaparte, parti d'Égypte avant d'avoir reçu l'ordre de rappel du Directoire, débarquait à Fréjus. Quand la nouvelle parvint à Paris, le 15, il y eut une universelle explosion de joie. Son voyage fut un triomphe. « La foule était telle, même sur les routes, racontait *le Moniteur*, que les voitures avaient peine à avancer. Tous les endroits par lesquels il est passé étaient illuminés le soir ». Quand il entra à Paris, l'enthousiasme toucha « au délire ». On voyait en lui le garant de la victoire au dehors, un chef possible au dedans. « La France, a dit M. Aulard, s'identifia dès lors dans ce héros qui savait vaincre et parler. »

**PRÉPARATION D'UN COUP D'ÉTAT**

Sieyès et Bonaparte commencèrent aussitôt à préparer le changement de la constitution. Tout fut organisé en trois semaines. Ils eurent pour complices deux des Directeurs, Barras et Roger-Ducos, les principaux ministres, Talleyrand, ministre des Affaires étrangères, Fouché, ministre de la police, la majorité du Conseil des Anciens et le président du Conseil des Cinq Cents, Lucien Bonaparte, le frère du général Bonaparte.

Le plan des conjurés était le suivant : obtenir la démission des Directeurs, de telle sorte que le pouvoir exécutif se trouvât vacant; faire nommer par les deux Assemblées pour remplacer les Directeurs, un comité exécutif provisoire, dont les membres seraient chargés de réviser la constitution, c'est-à-dire en fait de préparer une constitution nouvelle.

Comme on s'attendait à quelque opposition parmi les Cinq-Cents, et par crainte qu'ils ne parvinssent à organiser un mouvement populaire dans les faubourgs, on décida de faire voter par le Conseil des Anciens le transfert des deux assemblées au château de Saint-Cloud, à quelques kilomètres de Paris.

**COUP D'ÉTAT DU 19 BRUMAIRE**

Le 9 novembre (18 *Brumaire*), le président des Anciens, qui était du complot, annonçait aux députés, convoqués en séance extraordinaire, la découverte d'une grande conspiration dirigée contre les pouvoirs publics. On n'avait, disait-il, qu'un instant pour sauver l'État : « Si vous ne le saisissez pas, ajouta-t-il, la République aura existé, et son squelette sera entre les mains de vautours, qui s'en disputeront les membres décharnés ».

Les Anciens n'éclatèrent pas de rire : ils décrétèrent le transfert des deux Conseils à Saint-Cloud, et donnèrent au général

Bonaparte le commandement de la division de Paris, avec mission de veiller à la sûreté du Corps législatif.

A Saint-Cloud, le 10 novembre (***19 Brumaire***), le complot faillit échouer. Les Cinq-Cents et la minorité des Anciens avaient eu le temps de se concerter. La minorité des Anciens, en entrant en séance à deux heures, demanda sur la conspiration des renseignements détaillés. De leur côté, les Cinq-Cents prêtèrent immédiatement le serment de maintenir la constitution de l'an III, et demandèrent qu'on s'occupât de nommer un Directeur, en remplacement de Barras démissionnaire. Un peu après quatre heures, Bonaparte se présenta dans la salle des Cinq-Cents, accompagné de quatre grenadiers. Aussitôt les cris : « A bas le dictateur! hors la loi! » éclatèrent de toutes parts. Des députés se précipitèrent sur lui et essayèrent de le frapper à coups de poing. Les grenadiers le couvrirent de leur corps et l'emmenèrent.

Il avait complètement perdu la tête et l'aventure allait tourner pour lui en catastrophe, lorsqu'il fut sauvé par le sang-froid de son frère Lucien. Celui-ci présidait les Cinq-Cents. Quand les députés demandèrent le scrutin sur la proposition de mise hors la loi, Lucien déposa sur le bureau sa toque et sa toge, abandonna la présidence, et retarda ainsi le vote pendant quelques instants. Il sortit, se présenta aux troupes, leur raconta que les députés avaient voulu poignarder leur général, que l'assemblée était terrorisée par une poignée de brigands « payés par l'Angleterre », et, d'accord avec Sieyès, leur donna l'ordre, en qualité de président des Cinq-Cents, d'entrer dans la salle et d'en chasser les députés. Les grenadiers obéirent.

Le soir, à neuf heures, la minorité des Cinq-Cents et le Conseil des Anciens tinrent de nouveau séance. Ils votèrent la suppression du Directoire, et le remplacèrent par une commission de trois *Consuls*, composée de Sieyès, de Roger Ducos et du général Bonaparte. Les Conseils s'ajournèrent ensuite à quatre mois, en confiant à deux commissions de vingt-cinq membres, chargées de les représenter, la mission de préparer, sous la direction des Consuls, le remaniement de la constitution « dont l'expérience avait fait sentir les vices ».

Le coup d'État ne provoqua pas le moindre trouble dans Paris. Dans le pays il eut, a dit Mignet, « une popularité immense ». Il marqua la fin de la Révolution dont le Consulat allait consolider les résultats.

## CHAPITRE V

# TRANSFORMATION DE LA SOCIÉTÉ FRANÇAISE PAR LA RÉVOLUTION

### *ÉGALITÉ CIVILE — ÉGALITÉ POLITIQUE*

La Révolution a totalement transformé l'organisation politique et sociale de la France. La transformation a été opérée en vertu de principes généraux, définis par l'Assemblée constituante dans la Déclaration des Droits de l'homme et du citoyen. Le plus important de ces principes, celui qu'on peut appeler le principe primordial, parce que les autres en sont comme de simples conséquences, est le principe de *l'égalité des hommes*, formulé en tête même de la Déclaration, à l'article I, et affirmé de nouveau à l'article VI[1]. Proclamé dix-huit cents ans plus tôt par le Christ, mais demeuré partout lettre morte, ce principe a, depuis 1789, dominé en France le droit public et le droit privé, c'est-à-dire les lois qui règlent l'organisation de l'État et de la société, et les lois qui règlent les rapports des particuliers entre eux, les lois politiques et sociales, et les lois civiles.

**ÉGALITÉ POLITIQUE ET SOCIALE**

Au nom du principe d'égalité ont été abolis tous les corps privilégiés et tous les privilèges : privilèges réels et privilèges honorifiques, privilèges personnels et privilèges collectifs, privilèges politiques et privilèges sociaux. On a *détruit la distinction des ordres*, et la division en Clergé, Noblesse, Tiers État. Les titres de noblesse, les ordres de chevalerie furent même un moment abolis. On a *supprimé les privilèges en matière d'impôts*, exemptions totales ou partielles, facilités de paiement accordées aux membres du Clergé, aux nobles, aux officiers royaux ; les privilèges de certaines provinces en la même matière, et la distinction des

1. Voir ci-dessus les textes, page 57.

pays d'États et des pays d'Élections[1]. Tous les Français doivent, également et proportionnellement à leurs facultés, payer les *contributions* établies par leurs représentants pour faire face aux dépenses d'intérêt public. Mais aucune imposition ne peut être prélevée par une catégorie de citoyens sur d'autres citoyens : on a donc *supprimé les dîmes* prélevées par le clergé. Aucun citoyen ne peut exiger un service gratuit d'un autre citoyen : on a donc *aboli les corvées*, accomplies par certains paysans au profit de certains nobles. Aucun citoyen ne peut prétendre au monopole d'un métier ou d'une industrie : on a donc *aboli les corporations*. La mise en vente des fonctions publiques crée un privilège en faveur du riche, au détriment du pauvre : on a donc *aboli la vénalité des offices*. Il est contraire à l'égalité qu'un citoyen, à raison de sa naissance, se voie réserver ou se voie interdire certains emplois, commandements militaires, fonctions diplomatiques, etc. : on a donc proclamé que tous les Français « *sont également admissibles à toutes dignités, places et emplois publics, selon leur capacité, et sans autres distinctions que celles de leurs vertus et de leurs talents* ».

Ainsi, l'application du principe d'égalité a entraîné pour une faible partie de la nation, les privilégiés, un ***amoindrissement de condition***. Par contre, il a ***relevé la condition de la masse*** du peuple, les non privilégiés, en allégeant leurs charges, et en leur conférant les droits qui leur étaient jusqu'alors refusés.

LES PROTESTANTS LES JUIFS

Cette œuvre de justice a été particulièrement favorable à trois groupes de personnes : les *paysans*; les *Protestants*, tenus à peu près hors la loi depuis la révocation de l'édit de Nantes; les *Juifs*, considérés comme étrangers, et soumis à ce titre à un régime spécial. Les Juifs reçurent de l'Assemblée Constituante le titre et les droits de citoyens en 1791. Pour les Protestants, la Constituante ne se borna pas à leur reconnaître les mêmes droits qu'au reste des Français. Elle essaya de réparer, dans la mesure du possible, les maux causés par la révocation de l'édit de Nantes. Elle ordonna donc la restitution aux Protestants de ceux de leurs biens qui avaient été confisqués et incorporés au domaine de l'État. En outre, elle décida que tout descendant d'émigré protestant recouvrerait sa qualité de Français, à la seule condition de la demander et de rentrer en France.

1. Voir ci-dessus, page 9.

**LES PAYSANS**

Quant aux paysans, la Révolution fit du plus grand nombre des *propriétaires*. D'abord l'abolition des redevances féodales leur a assuré la pleine propriété des terres déjà possédées par eux. D'autre part, ils achetèrent une bonne partie des terres mises en vente à titre de *biens nationaux*. Ces biens nationaux, c'étaient les propriétés du Clergé, auxquelles furent ajoutées les propriétés des émigrés. En effet, bien que la Déclaration affirmât, à l'article XVII, le caractère « inviolable et sacré » de la propriété, bien que par suite la confiscation, tant de fois pratiquée par la royauté, eût été abolie, l'Assemblée Législative, en juillet 1792, décréta la confiscation des biens des émigrés. C'était le renouvellement des mesures ordonnées par Louis XIV contre les Protestants, lors de la révocation de l'édit de Nantes. La grande étendue des terres mises en vente, les besoins pressants de l'État firent baisser la valeur du sol et en rendirent l'acquisition facile aux paysans. C'est là un des résultats essentiels de la Révolution : c'est par là qu'elle a conquis la population rurale, c'est-à-dire la masse essentielle de la France.

**LE PRINCIPE D'ÉGALITÉ ET LES CONSTITUTIONS**

Le principe d'égalité si solennellement proclamé, ne fut cependant pas rigoureusement respecté en matière politique, dans les diverses constitutions émanées des Assemblées révolutionnaires, la constitution de 1793 exceptée. Le principe d'égalité eût exigé que le droit de suffrage fût reconnu à tous les citoyens et qu'on établît le *suffrage universel*. Or la constitution de 1791 et la constitution de l'an III établirent, on l'a vu[1], le *suffrage restreint* et *censitaire* : elles n'attribuèrent le droit de voter qu'aux citoyens qui justifiaient d'une fortune foncière déterminée. Cette dérogation au principe d'égalité fut une conséquence des idées des Philosophes et des Encyclopédistes sur le compte du peuple, qu'ils appelaient volontiers la « populace ». On tenait le peuple pour ignorant, incapable de comprendre ses intérêts, et de participer utilement à la gestion de ses propres affaires. « Il faut faire son bonheur, mais il ne faut pas qu'il y travaille », disait, en 1789, un député du Tiers. C'était presque exactement la formule des « despotes éclairés » amis de Voltaire, les souverains réformateurs Frédéric II et Joseph II : « Tout pour le peuple, rien par le peuple »[2].

1. Voir ci-dessus, pages 94 et 111.
2. Voir *Temps modernes*, page 413.

**LES LOIS SUCCESSORALES**

De ces lois nouvelles, les plus importantes furent les lois relatives au *régime successoral* et au *mariage* : elles sont encore en vigueur dans leurs dispositions essentielles. En matière de succession et au nom du principe d'égalité, la Constituante *abolit le droit d'aînesse*, c'est-à-dire l'usage encore existant en certains pays européens, en vertu duquel le fils aîné, seul entre tous les enfants, est appelé à la succession des parents et la recueille en totalité. Les enfants, désormais, succèdent tous et par portions égales. La Convention alla jusqu'à abolir presque totalement, pour ceux qui ont des héritiers dits naturels, enfants, frères, sœurs, neveux, cousins, la liberté de tester, c'est-à-dire la faculté de disposer de ses biens à son gré par testament. Ces lois successorales assurèrent la multiplication des partages, par suite un rapide morcellement des propriétés et, selon le mot d'un historien, « l'émiettement » de la terre.

**L'ÉTAT CIVIL LE MARIAGE LE DIVORCE**

Sous l'ancien régime, les naissances, les mariages, les décès étaient enregistrés par le Clergé. Le mariage, étant un sacrement, ne pouvait être administré qu'à des Catholiques. Les Protestants et les Juifs se trouvaient donc placés dans une situation exceptionnelle. Or le régime nouveau ne pouvait comporter d'exceptions. La Constituante décréta donc que les naissances, les mariages, les décès, seraient enregistrés par les officiers municipaux : elle *laïcisa les registres de l'état civil*. Le mariage ne fut aux yeux de l'État qu'un contrat, dépourvu de tout caractère religieux. L'État détermina par suite les conditions dans lesquelles le mariage pourrait être contracté en particulier : il fixa à vingt et un ans l'âge de la majorité, c'est-à-dire l'âge auquel l'enfant échappe à l'autorité paternelle.

Dès lors que le mariage est seulement un contrat, il peut être dissous comme tout autre contrat, par la volonté des contractants ou dans des cas déterminés par la loi. L'Assemblée législative établit donc le *divorce*.

**L'ÉGALITÉ CIVILE LE CODE**

Le principe d'égalité, appliqué au droit privé, a eu pour conséquence l'abolition des législations diverses, législation de droit écrit, législations coutumières[1], entre lesquelles la France était partagée, et leur remplacement par un ensemble de lois communes à tous. Il est, en effet, contraire à l'égalité que les citoyens d'un même pays ne

1. Voir ci-dessus, page 9.

soient pas soumis aux mêmes lois dans toutes les parties de ce pays. Aussi l'Assemblée constituante décréta, en 1790, qu'il serait rédigé un « code général de lois simples ». A peine commencé par elle, poursuivi activement par le Comité de législation de la Convention, puis par les Cinq-Cents, le travail ne fut mené à bien qu'en 1804, sous le Consulat, grâce à l'énergique impulsion donnée par Napoléon Bonaparte. Ce fut seulement alors que *l'unité de législation se trouva réalisée* en France. Jusque-là, pendant quatorze ans, on appliqua en même temps les lois nouvelles, et, dans les cas où elles n'étaient pas encore remplacées, les lois anciennes particulières à chaque région.

**LA LÉGISLATION PÉNALE**

La Révolution a remanié la législation pénale comme la législation civile. En matière pénale, les articles VI, VII et VIII de la Déclaration proclamaient que la loi doit être la même pour tous; que nul homme ne peut être accusé, arrêté, ni détenu si ce n'est dans les cas déterminés par la loi; que la loi ne doit établir que des peines strictement et évidemment nécessaires. L'Assemblée constituante abolit donc les peines différentes selon la qualité des personnes; elle interdit les emprisonnements arbitraires, tels qu'on les pratiquait avec les lettres de cachet; elle supprima la torture et les supplices inutilement cruels. Elle décréta que les délits étaient personnels et ne peuvent atteindre la famille du délinquant; par suite, elle *abolit la confiscation*. Elle voulut enfin que les peines fussent proportionnées à l'importance des délits. Pour cela elle établit l'échelle des délits et des peines. Elle distingua les *crimes*, frappés de peines afflictives et infamantes, la mort, les fers, la déportation; les *délits correctionnels* frappés d'emprisonnement et d'amende; les *délits municipaux* ou *contraventions*, punis d'une amende légère.

**LA RÉVOLUTION ET LA LIBERTÉ**

En même temps qu'elle a établi le régime de l'égalité, la Révolution a formulé les principes du régime de la *liberté*. La Déclaration a défini la liberté, le *droit de faire tout ce qui ne nuit pas à autrui*. Elle a proclamé le droit pour tout homme de professer, sans qu'il puisse être inquiété, telles opinions religieuses qui lui plaisent; elle a reconnu comme « un des droits les plus précieux de l'homme » le droit de communiquer librement ses pensées et ses opinions. Elle a ainsi affirmé la nécessité de la *liberté religieuse*, de la *liberté de pensée*, de la *liberté de la parole*, de la *liberté de la presse*.

Ces diverses libertés, toutes refusées sous l'ancien régime, furent établies et respectées au début de la Révolution, au temps de la Constituante. La liberté de la presse amena une prompte et surprenante multiplication des journaux de toutes opinions. Parmi ces journaux, les journaux démocratiques, comme l'*Ami du Peuple* de Marat, le *Père Duchêne* de Hébert, le *Journal des Hommes libres*, etc., exercèrent à Paris une grande influence sur le peuple des faubourgs et furent de puissants auxiliaires des Jacobins.

Par la suite l'Assemblée législative, la Convention, le Directoire, attentèrent sans scrupule aux diverses libertés. Sous la Législative, la Convention et le Directoire, les catholiques furent à plusieurs reprises violemment persécutés. Pendant l'hiver de 1793-1794, le culte catholique ne put être célébré à Paris. C'était le temps où Hébert organisait le *culte de la Raison*[1], où Robespierre, qui avait cependant fait décréter la liberté des cultes, préparait l'établissement d'une nouvelle religion d'État, la *religion de l'Être suprême*[2]. Après la chute de Robespierre, en 1794, la Convention huait l'abbé Grégoire qui essayait de prononcer un discours en faveur de la liberté religieuse. Cependant, elle dut décréter, en février 1795, sous la pression de l'opinion publique, « que l'exercice d'aucun culte ne peut être troublé ». Elle établit un régime de *séparation des Églises et de l'État* qui assura réellement la liberté de tous. Les persécutions contre les catholiques recommencèrent cependant sous le Directoire[3], et après le 18 fructidor, on interdit, comme au temps de la Terreur, la célébration du Dimanche.

Quant à la liberté de la presse, complète encore au début de la Convention, elle n'exista, durant la Terreur, que pour les journaux Montagnards. Elle fut abolie en fait par le Directoire, qui, au 18 fructidor, supprima d'un coup cinquante-quatre journaux.

Il reste malgré tout à l'honneur de la Révolution, qu'elle a affirmé la nécessité de la liberté. Elle a semé l'idée, et les gouvernements autoritaires, au cours du dix-neuvième siècle, n'ont pu, malgré de constants efforts, en empêcher le développement.

1. Voir ci-dessus, page 97.
2. Voir ci-dessus, page 100.
3. Voir ci-dessus, page 114.

# TABLE DES GRAVURES
# ET DES CARTES

*Les cartes sont indiquées en caractères italiques.*

### Chapitre I

### L'ANCIEN RÉGIME EN FRANCE



### Chapitre II

### LA CHUTE DE LA MONARCHIE ABSOLUE
### LES ÉTATS GÉNÉRAUX
### L'ASSEMBLÉE CONSTITUANTE



### Chapitre III

### LA CHUTE DE LA ROYAUTÉ
### L'ASSEMBLÉE LÉGISLATIVE



### Chapitre IV

### LA RÉPUBLIQUE

# TABLE DES MATIÈRES



55565. — Imprimerie Lahure, 9, rue de Fleurus, à Paris.

www.ingramcontent.com/pod-product-compliance
Lightning Source LLC
LaVergne TN
LVHW020025170826
845678LV00001B/119

*9782329772462*